Sina Müller

Das interaktive Whiteboard im Klassenzimmer

Informationen und Einsatzmöglichkeiten

Verlag an der Ruhr

Impressum

Titel
Das interaktive Whiteboard im Klassenzimmer – und jetzt?
Informationen und Einsatzmöglichkeiten

Autorin
Sina Müller

Titelbildmotiv/Kapiteldeckblätter
© Smart Technologies, alle Rechte vorbehalten
U4-Foto: © Robert Knescke/fotolia.com

Verlag an der Ruhr
Mülheim an der Ruhr
www.verlagruhr.de

Geeignet für die Klassen 1–13

Unser Beitrag zum Umweltschutz
Wir sind seit 2008 ein ÖKOPROFIT®-Betrieb und setzen uns damit aktiv für den Umweltschutz ein. Das ÖKOPROFIT®-Projekt unterstützt Betriebe dabei, die Umwelt durch nachhaltiges Wirtschaften zu entlasten.
Unsere Produkte sind grundsätzlich auf chlorfrei gebleichtes und nach Umweltschutzstandards zertifiziertes Papier gedruckt.

Ihr Beitrag zum Schutz des Urhebers
Das Werk und seine Teile sind urheberrechtlich geschützt. Jede Verwendung in anderen als den gesetzlich zugelassenen Fällen bedarf der vorherigen schriftlichen Einwilligung des Verlages. Im Werk vorhandene Kopiervorlagen dürfen vervielfältigt werden, allerdings nur für jeden Schüler der eigenen Klasse/des eigenen Kurses. Die dazu notwendigen Informationen (Buchtitel, Verlag und Autor) haben wir für Sie als Service bereits mit eingedruckt. Diese Angaben dürfen weder verändert noch entfernt werden. Die Weitergabe von Kopiervorlagen oder Kopien an Kollegen, Eltern oder Schüler anderer Klassen/Kurse ist nicht gestattet.
Bitte beachten Sie die Informationen unter **schulbuchkopie.de**.
Der Verlag untersagt ausdrücklich das digitale Speichern und Zurverfügungstellen dieses Buches oder einzelner Teile davon im Intranet (das gilt auch für Intranets von Schulen und Kindertagesstätten), per E-Mail, Internet oder sonstigen elektronischen Medien. Kein Verleih. Zuwiderhandlungen werden zivil- und strafrechtlich verfolgt.

© Verlag an der Ruhr 2011
ISBN 978-3-8346-0901-4

Printed in Germany

Abschluss der redaktionellen Arbeit im Mai 2011. Die Vorstellung der Software-Versionen ist als exemplarisch zu betrachten, diese werden natürlich kontinuierlich aktualisiert.

Inhaltsverzeichnis

Vorwort 5

Kapitel 1: Vorteile eines IWB 9
1. Vorteil: Zeitersparnis 10
2. Vorteil: unendlicher Arbeits- und Speicherplatz 12
3. Vorteil: verbesserte Visualisierung 14
4. Vorteil: einfach und schnell aktualisierbar 16
5. Vorteil: das Allround-Talent 17

Kapitel 2: Was das IWB nicht kann 19

Kapitel 3: Erste Schritte am IWB 23
Allgemein 24
Und wenn doch einmal nichts geht? 27
SMART Notebook™ 28
ActiveInspire 38
PowerPoint 50
Prezi 58
Präsentieren, aber richtig! 60

Kapitel 4: Methodenkiste 63

Einführungsphase
Zauberschrift 65
Was fehlt? 67
Kurzzeitgedächtnis 70
Bildimpuls 72

Erarbeitungsphase
Standbild 74
Stationenarbeit 76
Zeitzeugendetektive 79
Timer 80
Interaktiver Würfel 82
Textlupe 84
Ausschnittslupe 86

Inhaltsverzeichnis

Sicherungsphase
Wirrwarr 87
Lückentext 90
Farbenwechsel 92

Anhang
Hilfsmittel/Zubehör 94
Willkommen in der IWB-Sprache 95

Medientipps 98

Vorwort

Warum ein „Interactive Whiteboard" nutzen?

Jetzt haben wir diese neue Tafel an der Wand, und ich weiß gar nicht, wie ich sie einsetzen und effektiv nutzen kann! Eine richtige Einweisung hab ich nie bekommen. Wie soll ich bloß anfangen?

Liebe Lehrer*,

Die „Interactive Whiteboards" (in der Folge kurz IWB) erhalten Einzug in deutsche Klassenzimmer und erweitern die medialen Möglichkeiten der Unterrichtsaufbereitung erheblich. Zwar haben die herkömmlichen Tafeln noch lange nicht ausgedient – nun haben sie jedoch ein **Allround-Talent** an die Seite bekommen. Aber nicht selten wird dieses noch recht einseitig, nämlich als reines Präsentationsmedium, verwendet. Zum einen, weil es an eingehender Unterweisung mangelt, was die Möglichkeiten der Boards betrifft, und man sich vor den technischen Tücken fürchtet. Zum anderen, weil man seine bewährten Unterrichtsmethoden hat und vielleicht gar keinen Anlass zur medialen Veränderung sieht. Tatsache ist aber, dass das Whiteboard nicht nur ein Spektrum an **neuen Möglichkeiten** bietet, sondern auch alte **erleichtert und vereint**. Dabei soll es keineswegs in irgendeiner Weise Ihren Unterricht revolutionieren – es stellt bloß eine Ergänzung der Medien bzw. eine Fülle von Medien in einem dar, mit denen Sie Ihre Inhalte vermitteln können. Sicherlich ist Ihnen schon der Gedanke gekommen, dass es sich in keinster Weise um eine didaktische Innovation handelt – für die Didaktik, für das Einbinden der Schüler, für das Fördern selbstständigen Arbeitens sind natürlich nach wie vor Sie zuständig. Aber auf der anderen Seite muss das Whiteboard keineswegs bedeuten, dass ab jetzt bloßer Frontalunterricht angesagt ist.

* Aus Gründen der besseren Lesbarkeit haben wir in diesem Buch durchgehend die männliche Form verwendet. Natürlich sind damit auch immer Frauen und Mädchen gemeint, also Lehrerinnen, Schülerinnen etc.

Informationen und Einsatzmöglichkeiten

Vorwort

Schüler sind den technischen Neuerungen und Veränderungen meist offener gegenüber als Lehrer und lassen sich auf die neuen Situationen leichter ein, sodass es unter Umständen zu einer **Diskrepanz zwischen Lern- und Lehrverhalten** kommen kann. Schüler sind ohnehin umgeben von neuen Medien und diesbezüglich am Puls der Zeit. Die meisten Lehrer dagegen haben sich nach ihrer Ausbildungsphase über Jahre hinweg einen bewährten Fundus an gut gelungenen Unterrichtsmaterialien und -methoden erarbeitet, auf den sie zurückgreifen und den sie entspannt einsetzen können. Nicht immer sind diese erprobten Materialien und Ideen mit den neuen Medien kompatibel oder leicht übertragbar. Einfach auf gut funktionierende Materialien zu verzichten oder komplett Neues zu entwickeln, ist immer mit größerem Aufwand verbunden. Zeit, die viele von uns nicht haben, sie aber, wenn sie das IWB im Unterricht einsetzen wollen, zumindest zu Beginn investieren müssen. Hier liegt ein großes Problem: Durch die technischen Neuerungen wird von Ihnen eine Einarbeitungszeit verlangt, die aufzubringen im Schulalltag gar nicht so einfach ist. Eine zu kurze Einweisung am IWB und der damit verbundene unsichere Umgang mit dem neuen Medium werden darüber hinaus unweigerlich zu Frustration und somit vielleicht auch zur Ablehnung führen.

Hinzu kommt: Nicht jeder ist technikinteressiert und kann mit den vielfältigen Programmen umgehen und diese sinnvoll einsetzen. *Wie kann ich Dateien miteinander verknüpfen? Wo starte ich die Präsentation? Und wie füge ich jetzt eine Grafik ein? Wieso will die Tafel schon wieder kalibriert werden? Und warum muss ich mich dafür eigentlich immer vor der Klasse zum Affen machen, wenn ich in die rechte obere Ecke springen muss?* Unmut, Unverständnis und Unsicherheit, die man natürlich ungern vor der Klasse zeigen möchte, vermehren sich, und der Lehrer sehnt sich zurück nach den funktionierenden Medien wie der Kreidetafel, die ihm keine Probleme bereiteten.

Schüler hingegen lassen sich nicht so leicht erschrecken und gehen auf technische Neuerungen eher mit einer positiven Grundeinstellung zu. Sie sind noch in einem sehr aktiven Lernprozess und zeigen für gewöhnlich große Neugier und Offenheit. Diese Schüler sind mit den neuen Medien aufgewachsen. Ein Computer gehört mittlerweile in beinahe jeden Haushalt, das Handy in fast jeden Schulranzen, und der iPod oder MP3-Player ist schneller mit den neuesten Downloads versehen, als Hausaufgaben gemacht werden können. Technische Geräte wie der Computer, der Fernseher, das Handy, der Laptop, die Digitalkamera, der Beamer oder die Spielekonsole gehören zum Alltag unserer Schüler. Man kann von einem **„natürlichen" Heranwachsen der Schüler** im Umfeld neuer Medien sprechen. Sie sind darauf

Vorwort

eingestellt, und der tägliche Umgang damit erleichtert ihnen das Begreifen von und den Umgang mit elektronischen Geräten. Es ermöglicht ihnen aber auch den Zugang zu Inhalten, die noch vor zehn Jahren für Schüler nicht oder nur sehr schwer zugänglich waren. Zum Beispiel können sich viele Schüler ein Leben vor Wikipedia schwer vorstellen. Auf die Idee, in einem Bücherregal den entsprechenden Lexikonband zu suchen, kommen nur noch wenige. Inwieweit oder ab wann solche Tatsachen kritisch zu betrachten sind, muss an dieser Stelle nicht diskutiert werden.

Wie kann man dieser Diskrepanz, die sich teilweise zwischen Schülern und Lehrern bezüglich der Einstellung neuen Medien gegenüber auftut, entgegenwirken? Woher im ereignisreichen Schulalltag die Zeit und Motivation nehmen, sich derlei Innovationen gegenüber zu öffnen und zu lernen, diese Geräte zu bedienen? Nun – genau genommen stecken ja auch wir Lehrer in einem Lernprozess. Wer sich für Neuerungen interessiert und sich damit auseinandersetzen möchte, kann diesen Gegensätzen entgegenwirken. Dass es dafür hinsichtlich des Whiteboards zahlreiche Gründe gibt, ist im ersten Kapitel nachzulesen. Interesse daran reicht natürlich nicht aus – denn die Beherrschung eines IWBs mit all seinen über die Grundfunktionen hinausgehenden Möglichkeiten kann über Monate, vermutlich sogar Jahre hinweg geübt und verbessert werden. Mal eben schnell eine Fortbildung zu besuchen und dann das IWB mit seinem gesamten Potenzial virtuos zu beherrschen, ist eine illusorische Vorstellung. Aber der Einsatz lohnt sich.

Dieser Ratgeber soll Ihnen dabei behilflich sein, möglichst schnell einen **Überblick** darüber zu gewinnen, **was das neue Medium** kann und **wie Sie es sinnvoll einsetzen**. Kapitel 1 geht grundlegend auf die **Vorteile** des Whiteboards ein, Kapitel 2 warnt vor den **Tücken** eines solchen im Klassenzimmer. Ab dem dritten Kapitel erhalten Sie dann eine komprimierte **technische Einweisung** in Hard- und Software sowie praktische Programme wie PowerPoint oder Prezi, mit denen Sie gut am Whiteboard arbeiten können. Kapitel 4 bietet Ihnen schließlich eine **Methodenkiste**, in die Sie hineingreifen und das herausschöpfen können, was in Ihren Unterricht am besten passt. Die einzelnen Methoden sind unterteilt nach den **Unterrichtsphasen** und mit exemplarischen Ideen für den Einsatz versehen. Wenn Sie sie nicht eins zu eins so umsetzen möchten, so werden sie ggf. dennoch Ihre Fantasie anregen und Ihnen vielleicht zu eigenen Ideen zum Einsatz verhelfen. Der Anhang schließlich verschafft Ihnen, praktisch zum Nachschlagen, einen schnellem Überblick darüber, was sich hinter den einzelnen **Begriffen** verbirgt, die Ihnen im Zusammenhang mit dem Whiteboard begegnen.

Vorwort

Wichtig ist, dass Sie **kontinuierlich** an dem Gerät arbeiten und sich Schritt für Schritt vortasten. Wie bei jedem Lernprozess lernt man auch hier am besten durch **eigene Erfahrungen**, durch Anfassen und Selbst-Ausprobieren. Dennoch sollen Screenshots Sie bei Ihren ersten Versuchen unterstützen. Geben Sie dem Gerät eine Chance und schaffen Sie sich gezielt Zeit in Ihrem Schulalltag, in der Sie daran arbeiten wollen. Sie müssen auch nicht gleich das volle Spektrum der Boards ausnutzen! Wenn Sie es zunächst wie ein reines Präsentationsmedium nutzen – dann ist das vollkommen in Ordnung und vielleicht sogar der beste Weg für Sie. Aber erforschen Sie die Möglichkeiten kontinuierlich, und gewinnen Sie Stück für Stück an Sicherheit.

Der schulische Alltag erweist sich teilweise als Kontrastbild zum häuslichen. Handys sind an vielen Schulen verboten, Computer sind nur für wenige Schüler nutzbar. Doch zu Hause haben die Schüler oftmals ihren eigenen Laptop, ein Handy, eine Digitalkamera und die Spielekonsole. Teilweise ist hier eine Abgrenzung durchaus sinnvoll. Allerdings wäre es schade, die Chance verstreichen zu lassen, die Schüler durch entsprechende Methoden bzw. den Umgang mit Medien, die ihnen Freude bereiten, **zusätzlich zu motivieren** – da, wo es sich anbietet. Die Arbeit mit der Digitalkamera oder dem Handy macht den Schülern Freude und kann sinnvoll in Unterrichtsstunden eingeplant werden. Das IWB hilft Ihnen dabei, die **Chancen des Internets, Filme, Audiodateien und Bildmaterial** einfach und schnell in den Unterricht zu integrieren. Geben Sie jedoch Acht, den schmalen Grad zwischen Lehrer und Entertainer nicht zu überschreiten. Unterricht zeichnet sich durch kritische Analysen, Reflexion und Interaktion aus. Dadurch grenzt er sich ab vom passiven Fernsehkonsum, anonymen Internetchats und emotionslosen Videospielen. Sie, und unter keinen Umständen irgendwelche Medien, sind die Steuerzentrale eines jeden guten Unterrichts. Sie allein kennen die Bedürfnisse und das Lernverhalten der einzelnen Schüler. Das IWB kann in seiner Funktion zur Seite stehen und unterstützen. Das Internet, bewegte Bilder, moderne Kommunikationsmöglichkeiten ermöglichen uns, schülerorientiert zu unterrichten, und auch dies ist ein Mittel, die Schüler, wie es immer so schön heißt, „dort abzuholen, wo sie stehen". Wir unterrichten durch einen den Schülern bekannten Kanal, ebnen somit den Lernweg und verzahnen das schulische weitergehend mit dem Privatleben. Im Zeitalter der unendlich vielen, unendlich schnelllebigen Informationen ist der richtige und geschulte Umgang mit neuen Medien wie dem Internet zudem eine Kernkompetenz, die mit Hilfe des IWB verstärkt geschult werden kann.

1 Vorteile eines IWB

> *Worin liegen die Vorteile eines IWB? Warum soll ich mich bemühen, die neue Technik zu erlernen? Welcher Nutzen ergibt sich für meinen Unterricht?*

1. Vorteil: Zeitersparnis

Das IWB ist ein Medium, mit dem sich **Materialien abspeichern** und jederzeit wieder **aufrufen** lassen. Das bedeutet, dass Sie, nachdem Sie einmal bestimmtes Unterrichtsmaterial erstellt haben, dieses beliebig oft wiederverwenden oder verändern können, ohne alles erneut zu erarbeiten. Ein Tafelbild kann in seinen Grundzügen bereits zu Hause erstellt werden und muss im Unterricht nur noch aufgerufen werden. Die Zeit, in der Sie sonst vor Unterrichtsbeginn einen Klassenraum aufsuchten, um etwas an die Tafel zu schreiben, können Sie nun anders sinnvoll nutzen. Im Unterricht können Sie Grafiken oder längere Texte sofort aufrufen, ohne lange Unterrichtszeit oder Ihre Pausen mit dem Anschreiben zu verbringen. Diese Phasen können in Ruhe zu Hause vorbereitet werden. Die Dateien werden abgespeichert, und im Unterricht können sie mit einem Klick aufgerufen werden. So können Sie auch vermeiden, dass die Klasse bei einem länger dauernden Anschrieb unruhig wird.

Achtung: Das vorzeitige Vorbereiten der Stunden kann dazu führen, dass das Referieren des Lehrers Unterrichtsphasen dominiert und Schüler wenig zur Interaktion angeregt werden. Geben Sie daher immer nur ein **Gerüst** vor und erarbeiten Sie den Rest zusammen mit der Klasse. Denken Sie daran, dass die Inhalte, wo immer möglich, **gemeinsam entwickelt** werden sollten!
Berücksichtigen Sie auch, dass Schüler Zeit benötigen, um Grafiken oder Texte an der Tafel zu lesen und gegebenenfalls Merksätze oder Hausaufgaben zu notieren. Hier reicht eben kein Mausklick. Nutzen Sie die Zeit stattdessen, um Ihren Schülern intensiver über die Schulter zu schauen und sie bei selbsttätigen Übungsphasen zu unterstützen.

Vorteile eines IWB

Am Ende einer jeden Stunde können Sie die erarbeiteten Tafelbilder abspeichern. Auch hier müssen Sie nicht zeitaufwändig eine Abschrift erstellen, sondern haben die gleiche Visualisierung, mit der Sie die Stunde beendet haben, an Ihrem Speicherort (USB-Stick, DVD, Festplatte etc.). Dies kann Ihnen dann helfen, wenn Sie in einer der folgenden Stunden auf dem Tafelbild aufbauen, die Schüler an das bereits Erarbeitete erinnern oder auch Arbeiten aus den Parallel- oder Vorjahresklassen präsentieren möchten. Somit können Sie verschiedene Arbeitsprozesse und Arbeitsergebnisse in einen kritischen Unterricht einfließen lassen. Auch hier zeigt sich eine Zeitersparnis dadurch, dass Sie weder bereits erarbeitete Tafelbilder erneut an die Tafel schreiben müssen noch Zeit am Kopierer damit verbringen, die Ergebnisse anderer Klassen für die eigene Klasse zu vervielfältigen.

Noch ist die Auswahl an interaktiven bzw. digitalen Unterrichtsmaterialien im Vergleich zu anderen Ländern nicht so groß, wie es zu wünschen wäre. Mit dem Einzug der IWBs in die Schulen wird sich dies jedoch schnell ändern. Dann können Sie über das Internet auf den Verlagsseiten stöbern, um die Möglichkeiten auszuschöpfen. Über Newsletter und Probeangebote können Sie herausfinden, womit Sie besonders gut arbeiten können. Lehrwerke werden verstärkt in digitalisierter Form angeboten und mit Zusatzmaterialien versehen, und auch sonst richten sich die Verlage hier auf die neuen Medien aus. Auch können Sie gemeinsam mit Ihren Kollegen einen Datenpool anlegen, in dem Bilder, Statistiken etc. abgelegt werden können.

Um Ihre Materialien auf dem heimischen und dem schulischen Computer schnell zu finden, brauchen Sie eine **zweckmäßige Übersicht**. Wenn Sie von Beginn an eine sinnvolle Speicherstruktur erstellen, wird der Aufwand in den kommenden Jahren immer geringer.

Tipp: Überlegen Sie sich von Beginn an eine hilfreiche Struktur zum Abspeichern Ihrer Materialien. Dies erleichtert Ihnen schon nach einem Jahr die Suche. Sortieren Sie Ihre Materialien zum Beispiel nach Jahrgangsstufe und Fach oder versehen Sie Ihre Dateien mit eindeutigen Titeln. Mit Hilfe der Suchfunktion werden Sie später auch noch Materialien finden, an die Sie vielleicht gar nicht mehr gedacht haben.

Mögliche Dateinamen können wie folgt aussehen:
7 Mathe Geometrie Dreiecke zeichnen und berechnen
7 Deu Grammatik Präsens

1 Vorteile eines IWB

> 7 Deu Grammatik Präteritum
> 7 Deu Rechtschreibung s oder ss
> 8 Eng Unit 4 Text Living in Poverty
> 8 Eng Unit 4 Vokabeln Living in Poverty
>
> *Selbst wenn Sie nicht mit Ordnern arbeiten wollen, weil man sich teilweise sehr lange durchklicken muss, kann man bei dieser Beschriftung seine Präsentationen schnell und effektiv ordnen lassen. Die Zahl zu Beginn ordnet nach **Klassenstufen**, dann folgt das **Fach** oder eine entsprechende Abkürzung. Anschließend wird im Fach eine **Untergliederung** vorgenommen und dann eine aussagekräftige **kurze Beschreibung des Inhalts** gewählt. So beschriftet, finden Sie auch später Ihre Dateien leichter. Mit den Jahren kann sich so ein Datenpool füllen. Dabei müssen Sie nicht gleich zu Beginn eine Datei für jede Klassenstufe erstellen.*

Bitte achten Sie auch darauf, in welchem Format Sie die Präsentation abspeichern. Möchten Sie diese später einmal wieder nutzen, dann empfiehlt es sich auch, Software kompatibel abzuspeichern.

Mit einem Klick ist alles weg! Auch hier ist der Vorteil ganz eindeutig, und zwar nicht nur bezüglich der Zeitersparnis: Anstatt lange auf den verschlafenen Tafeldienst zu warten, die Tafel trocknen zu lassen oder selbst feuchte Hände vom Wischen zu haben, kann das ganz einfach erledigt werden – ohne lästigen Kreidestaub.

2. Vorteil: unendlicher Arbeits- und Speicherplatz

Das IWB entfaltet sich mit ganz anderen Dimensionen als eine gewöhnliche Kreidetafel. Die beschreibbare Tafelfläche ist nicht mehr unbedingt begrenzt. Tafelbilder sind durch Verschieben und Verkleinern **erweiterbar**. Tabellen oder Mind Maps, die gemeinsam mit Schülern im Unterricht erarbeitet werden und möglicherweise etwas einseitig ausfallen, müssen auf der einen Seite nicht mehr abgebrochen werden, sondern können verschoben werden. Aber auch komplexere Rechnungen in der Mathematik müssen

Vorteile eines IWB

jetzt am Tafelende nicht mehr gequetscht werden, sondern erhalten ihren benötigten Platz.

> **Achtung:** Auch wenn es verlockend scheinen mag, Tafelbilder stetig zu erweitern, bedenken Sie stets, dass eine **gute Übersicht** und eine **Schriftgröße**, die auch in der letzten Reihe noch gelesen werden kann, notwendig sind. Nutzen Sie Ihre neue Tafel, wenn Sie es müssen, um viele Informationen festzuhalten. Vermeiden Sie aber eine zu große Informationsansammlung!

Sie können jede IWB-Aufgabe speichern und auf Ihrem **Speichermedium** ablegen. Es besteht also nicht mehr die Notwendigkeit, alles auszudrucken und in Papierform gesondert in Ordner zu heften, welche sich in Ihren heimischen Regalen stauen. Solche Ordner werden schon bald viel zu groß und können teilweise nur schlecht genutzt werden, weil eine Übersicht fehlt. Die Speichermedien hingegen sind in der Regel groß genug, um Videos, Musik oder Animationen zu speichern. Alles befindet sich an einem Speicherort, ohne dass der elektronische Ordner zu klein wird. Es wird lediglich ein virtueller Raum benötigt.

Die Speicherkapazität macht es auch möglich, den gehaltenen Unterricht zu **dokumentieren** und **Inhalte**, die im Unterricht besprochen wurden, für Nichtanwesende **zu speichern**, um es ihnen zu einem späteren Zeitpunkt zu vermitteln. Es ist aber auch möglich, erarbeitete Unterrichtsinhalte elektronisch zu versenden und kranken oder aus anderen Gründen fehlenden Schülern die Möglichkeit zu geben, das Verpasste aufzuarbeiten. Auch auf Lernplattformen wie lo-net² können Sie den Schülern das Material zur Verfügung stellen. Das IWB macht Inhalte, die gemeinsam an der Tafel erarbeitet wurden, transportierbar, und somit wird das Lernen auch außerhalb des Klassenraums weiter gefördert.

Problem: Nicht alle Schüler werden einen Internetzugang haben. Stellen Sie daher sicher, dass die Schüler in solchen Situationen einen Zugang in der Schule haben.

1 Vorteile eines IWB

3. Vorteil: verbesserte Visualisierung

Im Bereich der Visualisierung verbirgt sich ein besonders großes Potenzial der IWB. Die vereinfachte und verbesserte Visualisierung von Schriften, Grafiken und Übersichten hilft dem Schüler dabei, sich schneller zurechtzufinden, und ermöglicht es dem Lehrer, **genaue und gezielte Tafelbilder** mit wenig Kompromissen zu gestalten.

Tafelbilder arbeiten überwiegend mit Schrift. An der Kreidetafel kann die Handschrift des Lehrers oder die eines Mitschülers die Schüler vor echte Probleme stellen. Das Erlernen des handschriftlichen Schreibens ist wichtig und in vielen Situationen hilfreich, es sollte keineswegs vernachlässigt werden. Dennoch hat das „gedruckte" (oder eben digitale) Wort heutzutage einen sehr hohen Stellenwert. IPad und Co sind mittlerweile klein und tragbar geworden, sodass sie den herkömmlichen Notizblock ersetzen können. Kommuniziert wird per SMS, Chatroom oder E-Mail, Postkarten und Briefe werden immer seltener geschrieben. Es spricht nichts dagegen, den Schülern das Lernen hin und wieder durch eine grafisch vereinfachte Darstellung an der Tafel zu erleichtern.

Die Schrift auf dem IWB ist wählbar und kann standardisiert werden. Schriftgröße, -farbe und -ausrichtung sind beliebig einsetzbar. Es kann über die Tatstatur getippt werden, die automatische Schrifterkennung schafft es nach ein paar Übungsphasen aber auch, Schreibschriften in Druckschrift umzuwandeln. Keiner kann mehr schreien: „Der schreibt so undeutlich! Ich kann seine Handschrift nicht lesen!" Auf der anderen Seite werden Schüler geschult, deutlich zu schreiben sowie geschriebene Texte erneut durchzulesen, denn nicht immer erkennt das Programm jeden Buchstaben. Teilweise muss die übertragene Version vom Schreiber überprüft werden. Die Druckschrift erleichtert auch das spätere Lesen auf kleineren Ausdrucken.

Schriftvergrößerungen, -verkleinerungen, Schriftfarbe und Markierungen helfen dem Lehrer, die Aufmerksamkeit der Schüler zu lenken und schnell und einfach Hingucker zu erzeugen. **Strukturieren wird vereinfacht**, da jederzeit Elemente verschieb- und veränderbar sind.

Für die Handhabung der entsprechenden Werkzeuge siehe S. 28 ff.

> **Achtung:** Sollen Tafelbilder von Schülern in die Hefte übertragen werden, dann bedenken Sie bitte, dass Schüler in ihren Heften nicht einfach Schriftgröße oder Position der Elemente ändern können. Weisen Sie Schüler darauf hin, Tafelbilder erst am Ende zu übernehmen, um Frustration zu vermeiden!

Vorteile eines IWB

Karten und Abbildungen, die mittlerweile zu den jeweiligen Lehrwerken auch für das IWB angeboten werden, lassen sich ausschnittsweise vergrößern oder auch selbstständig beschriften. Die gerollte Weltkarte bleibt im Kartenraum und das IWB wird zur interaktiven Karte, die ganz nach den Vorstellungen und Bedürfnissen der Klasse geöffnet und beschriftet werden kann. Durch diese Funktionen lassen sich mit wenigen Materialien schnell und einfach Karten und Bilder für den ganz eigenen Unterricht individualisieren. (In den Medientipps am Ende dieses Buches finden Sie eine Übersicht zu entsprechenden Online-Materialien.)

Die Visualisierung wird auch insofern erleichtert, dass das Schreibmaterial, wie zum Beispiel die Kreide, nie ausgeht. **Zirkel und Lineal** oder große Weltkarten müssen Sie nicht gesondert in das Klassenzimmer transportieren, sie befinden sich bereits über Zusatzfunktionen auf dem IWB. Zudem sind gerade Linien oder Kreise schneller und einfacher gezeichnet und dabei auch noch viel genauer. **Spezielle Tafelhintergründe** – wie Notenlinien in der Musik oder Koordinatensysteme in der Mathematik – können auf jeder Tafel aufgerufen werden und als Hintergrund genutzt werden. Fachlehrer sind somit nicht an einen Klassenraum gebunden oder müssen erst noch Linien an die Tafel zeichnen, sondern können ohne großen Aufwand die benötigten Visualisierungen aufrufen. Noten oder Diagramme können mit den jeweiligen Zusatzfunktionen erstellt werden, und im Unterricht kann die dadurch gewonnene Zeit sinnvoller genutzt werden. In Kapitel 3 werden Ihnen die Grundfunktionen der jeweiligen Software erläutert.

> **Achtung:** Auch hier muss bedacht werden, dass Schüler, die erst noch lernen, beispielsweise ein Koordinatensystem oder Diagramm zu erstellen, es hilfreich finden, wenn der Lehrer es manuell vormacht. Zudem brauchen Schüler eine gewisse Zeit, um Tafelanschriebe in ihr Heft zu übertragen. Später können Sie die Zeit, welche durch das Aufrufen einer Grafik gewonnen wird, nutzen, um schwächeren Schülern ganz gezielt zu helfen, Grafiken oder anderes in ihr Heft zu übernehmen.

Schülerarbeiten, die in den jeweiligen Heften entstanden sind, lassen sich schnell und einfach für die gesamte Klasse visualisieren. Mit Hilfe eines Scanners können sie umweltfreundlich und in Farbe für die ganze Klasse sichtbar an der Tafel präsentiert werden. Schüler können gemeinsam über ihre Ergebnisse diskutieren und erkennen, was Mitschüler leisten.

1 Vorteile eines IWB

Ein **Nachteil** sei an dieser Stelle auch erwähnt: Sonneneinstrahlung und Schattenwurf können die Erkennbarkeit der Tafelbilder erheblich erschweren. Hier muss die Schule entsprechende Vorkehrungen, wie beispielsweise eine mögliche Abdunklung durch Rolladen, treffen können.

Um die Visualisierung zu optimieren, müssen Sie außerdem sicherstellen, dass die Schrift groß genug ist und die Farbkombination die Lesbarkeit unterstützt.

Bitte beachten Sie in Sachen Text und Bild immer die **Urheberrechte**: www.schulbuchkopie.de/neuenregeln.html

4. Vorteil: einfach und schnell aktualisierbar

Das **Internet** macht es möglich, **aktuelle Themen** im Unterricht einfach und schnell mit Hilfe des IWBs anschaulich zu machen. Im Gegensatz zu einem gedruckten Schulbuch sind Arbeitsmaterialien hier veränderbar. Die Aktualität, die unabdingbar ist in unserer schnelllebigen Welt, muss einen Weg in unsere Klassenzimmer finden. Nachrichten vom Vortag können über das IWB präsentiert und bearbeitet, kommentiert, ausgewertet werden. Schulbuchverlage aktualisieren Inhalte ständig und machen diese über das IWB präsentierbar, so zum Beispiel die Amtsantrittsrede des Präsidenten der Vereinigten Staaten oder etwa die neuesten Forschungsergebnisse der Biologie, teilweise pädagogisch aufbereitet und somit zugänglicher für die Schüler. Auch das **Web 2.0** lässt es zu, die „Welt" umgehend in den Unterricht zu holen. Schulpartnerschaften können online gehen, die Schüler können im Plenum mit Gleichaltrigen auf der ganzen Welt diskutieren. Die Globalisierung macht es nicht nur möglich, sondern auch erforderlich, unsere Schüler mit diesen Möglichkeiten vertraut zu machen.
Sie können ggf. auch mal im Laufe der Unterrichtsstunden schnell und spontan auf die Schüler reagieren und dabei das Netz zu Hilfe nehmen.
So lässt sich beim Thema DDR beispielsweise spontan ein Lied von Wolf Biermann in den Unterricht integrieren, wenn der Name fällt, etc. Hier ist aber Vorsicht angesagt! Solche Aktionen können auch damit enden, dass Sie zum Stundenende 45 Minuten auf der vergeblichen Suche nach etwas oder mit seltsamen Videos verbracht haben, angestachelt von den Schülern.

5. Vorteil: das Allround-Talent

Szenarium 1: Frau B. kämpft sich mit einer großen Landkarte unter dem einen Arm und einer vollgepackten Schultasche über der anderen Schulter durch den überfüllten Gang. Nachdem sie den Schlüssel aus der Tasche gekramt und die Landkarte durch die Klassenzimmertür manövriert hat, muss sie feststellen, dass der Kartenständer von den Schülern missbraucht wurde und nun nicht mehr nutzbar ist. Die Karte muss umständlich über die Tafel gelegt werden, und das untere Ende ist nicht mehr für alle sichtbar.

Szenarium 2: Herr M. hat seine Stunde gewissenhaft vorbereitet und möchte den Overhead-Projektor in der vierten Stunde nutzen. Zeit, den Projektor zu testen, bleibt nicht mehr, er hetzt über den Flur und möchte die Stunde zügig beginnen. Er kommt in das Klassenzimmer, um festzustellen, dass kein OHP im Klassenzimmer ist. Während er eine alternative Aufgabe für die Schüler vorschieben muss und auf den OHP wartet, muss ein Schüler aus der Klasse den Unterricht in den Nachbarklassen unterbrechen, um nach einem OHP zu fragen.

Szenarium 3: Frau L. möchte in ihrer Englischstunde die Audio-CD zum Lehrwerk einsetzen. Doch als sie in die Mediathek kommt, muss sie feststellen, dass die CD-Player nicht zurückgebracht wurden. Glücklicherweise findet sie eine Kollegin, die einen der CD-Player „gebunkert" hat und in der nächsten Stunde nicht benötigt. Bepackt mit einem CD-Player, einem Stapel korrigierter Hefte und ihrer Tasche macht sie sich dann auf den Weg in den dritten Stock zu ihrer Klasse. Dort angekommen, erleichtert sie sich erst einmal von ihrer Last.

Solche und noch viele andere Situationen werden Sie aus dem Schulalltag kennen und sich manchmal wünschen, dass alle Ihre Materialien und Gerätschaften bereits in dem Klassenraum, in dem Sie unterrichten müssen, wären. Das IWB repräsentiert **alle diese Gerätschaften** in einem Medium. Sofern es in Ihrem Klassenraum eines gibt, kann es Ihnen eine Menge organisatorischen Aufwand ersparen. Es ist meist fest an der Wand im Klassenraum installiert und muss nicht erst dahin transportiert werden, und im Normalfall kann es auch nicht einfach von dem Kollegen in einen nahe liegenden Klassenraum entwendet werden. Noch besitzen viele Schulen nicht mehr als ein oder zwei Whiteboards, aber auf Dauer wird sich dies sicherlich ändern.

1 Vorteile eines IWB

Hier noch einmal die **wichtigsten Vorteile und Möglichkeiten** auf einen Blick: Das IWB ersetzt die herkömmliche Tafel in vielerlei Hinsicht. Man kann **handschriftliche Notizen** machen und diese bei Bedarf auch wieder löschen. Der Vorteil liegt allerdings darin, dass man keinen Schwamm und keine Kreide mehr braucht. Für Kreideallergiker bietet dies natürlich einen ganz besonderen Vorteil. Zudem bleibt der Boden sauber und rutschfrei.

Das IWB lässt sich prima als Ersatz für den **OHP** nutzen. Zu Hause vorbereitete Folien lassen sich zum Beispiel mit PowerPoint erstellen und in der Klasse präsentieren. Durch die Funktionen des IWB lassen sich auch hier wieder handschriftliche Notizen einfügen, die abgespeichert und möglicherweise auch vervielfältigt werden können. Das IWB ist bereits scharf eingestellt, und Ausschnitte lassen sich problemlos vergrößern oder verkleinern. Außerdem lassen sich Bereiche nach Wunsch verdecken.

Das IWB hat auf Grund des angeschlossenen Computers einen integrierten **CD/DVD-Spieler.** CDs/DVDs können über das DVD-Laufwerk, aber auch Audiodateien im MP3-Format können problemlos abgespielt werden. Die Qualität der Lautsprecher ist angemessen und in den meisten Fällen besser als die eines portablen Geräts. Nur für Kassetten und Schallplatten müssen Sie eine andere Lösung finden – die ggf. auch in der Digitalisierung bestehen kann.

Das IWB ersetzt auch einen großen, unhandlichen und zuweilen auch schweren **Fernsehwagen**. Über den großen Bildschirm können alle Schüler angenehmer Filme und anderes Bildmaterial anschauen. Hier bieten das DVD-Laufwerk oder auch ein USB-Stick den nötigen Speicherplatz.

Die lokalen Medienzentren sind dabei, allerlei **Material** zu digitalisieren. Erkundigen Sie sich bei Ihrem Medienzentrum und machen Sie somit erfolgreiches Unterrichtsmaterial weiterhin nutzbar. Auch Videos und Kassetten werden oftmals von den Medienzentren digitalisiert. Außerdem lässt sich das **Internet** mit all seinen Möglichkeiten für alle gleichermaßen zugänglich ins Klassenzimmer holen. Hier kann man auch den kritischen Umgang der Schüler mit Medien automatisch mitschulen.

Auch der Kartenständer wird durch das IWB überflüssig. **Aktuelle Karten** in allen möglichen Ausführungen sind von den entsprechenden Verlagen für das IWB erhältlich. Innerhalb der Karten kann zwischen verschiedenen Ansichtsformen gewählt oder auch nur ein Ausschnitt gezeigt werden. Zwischen den einzelnen Karten können Sie problemlos wechseln.

2

2 Was das IWB nicht kann

Bei alledem darf das IWB auch nicht überschätzt werden. Im Vorwort wurde es bereits angedeutet: Die interaktive Tafel kann einen guten Lehrer selbstverständlich nicht ersetzen. Sie ist nicht mehr als ein **Hilfsmittel**, um Unterricht einfacher und attraktiver zu gestalten. Sie vereint diverse Medien, das ist alles. Aktivitäten sollten sinnvoll und maßvoll eingesetzt werden. Meist gilt hier: „Weniger ist mehr." Ein medial überladener Unterricht kann zur Folge haben, dass beim Schüler weniger ankommt, als wenn außer der klassischen Kreidetafel keine Hilfsmittel zum Einsatz gekommen wären. Achten Sie darauf, sich nicht irgendwelchen Spielereien und technischem „Schnickschnack" hinzugeben – es könnte passieren, dass das Board zumindest anfangs dazu verleitet. Erwarten Sie auch nicht, dass auf einmal alle Schüler gebannt in Ihrem Unterricht sitzen und sich nicht mehr vom IWB abwenden können – und achten Sie auf methodische Abwechslung sowie ein selbstständiges Agieren der Schüler. Sinnvolle Integration des Whiteboards in einen lebendigen und, wo möglich, lernerzentrierten Unterricht – so lässt sich Ihre Aufgabe zusammenfassen, wenn Sie so möchten. Finden Sie heraus, wie sich das Whiteboard mit Ihrem persönlichen Unterrichtsstil in Einklang bringen lässt.

Gerade im Hinblick auf den Einsatz von **Präsentationssoftwares** wie PowerPoint muss man bedacht an die Planung des Unterrichts herangehen und vermeiden, dass Unterricht in eine One-Man-Show bzw. in zu viel Frontalunterricht abdriftet. Die Schüler sitzen schließlich nicht im Kino, wo sie sich berieseln lassen können, und damit gerade dies nicht geschieht, darf die interaktive Tafel nicht nur passiv genutzt werden. Auch sollten sich Ihre Tafelbilder trotz gründlicher Vorbereitung entwickeln können. Überfordern Sie die Schüler nicht mit bis ins letzte Detail ausgefeilten Präsentationen, bei denen sie nur noch lesen und schreiben können. Achten Sie, genau wie im Umgang mit der Kreidetafel, auf Phasenwechsel im Unterrichtsgeschehen und darauf, die Schüler zu aktivieren. Sie können selbst diejenigen sein, die ein interaktives Tafelbild erstellen oder Ergebnisse beispielsweise einer Internetrecherche an der Tafel präsentieren.

Sorgen Sie auch für eine gezielte Auswahl an Bewegungselementen in Ihrem Unterricht. Das IWB kann hier nur in einem gewissen Maße eingesetzt werden. Schüler können zur Tafel gehen, selbstständig etwas anschreiben, erstellen, ausprobieren. Auch zu zweit kann man an der Tafel Spiele spielen oder im Klassenverband Reaktionen testen. Die Möglichkeiten sind aber begrenzt, und man darf nicht auf den einzigen, ultimativen Einsatz eines IWB hoffen.

Was das IWB nicht kann

Teilweise sind die Boards recht **klein** im Vergleich zu den herkömmlichen Tafeln, was zum Nachteil gereichen dürfte. Auch der **hohe Energieverbrauch**, die hohen **Kosten** für Beamerlampen und die Tatsache, dass das Schreiben **einige Zeit** in Anspruch nimmt, sind Wermutstropfen. Sollen Ergebnisse **dauerhaft** präsentiert werden, ist das Board ebenfalls keine gute Lösung.

Es gibt jedoch Boards, die Klappen haben. Wenn man diese zuklappt, hat man wieder eine ganz normale Tafelfläche.

Hier eine Checkliste mit Dingen, die Sie beherzigen sollten, damit der Einsatz des Whiteboards zum vollen Erfolg wird.

- ✔ gut vorbereiten, sich im Umgang mit dem IWB vertraut machen
- ✔ auf ansprechende und gut sichtbare Präsentation achten (s. S. 60 ff.)
- ✔ sparsam mit medialen Elementen, Bildern, Farben etc. umgehen: weniger ist mehr
- ✔ Tafelbilder gemeinsam mit den Schülern entwickeln, sie von den Schülern kommentieren und auswerten lassen; das Wichtigste/das zu Notierende ggf. mit der Klasse erarbeiten
- ✔ Ausschnitte aus Videos etc. ruhig auf 3–4 Minuten begrenzen
- ✔ Schüler auch am IWB arbeiten lassen, aber: keine Experimente mit Werkzeugleiste etc.; genaue Vorgabe der zu verwendenden Funktionen
- ✔ durch gelegentliche Spiele am Whiteboard für Abwechslung sorgen
- ✔ Schüler Gruppenarbeitsergebnisse im Normalfall am Whiteboard entwickeln lassen; PowerPoint etc. für Schüler eher für die Darstellung der Ergebnisse einer längerfristigen Projektarbeit
- ✔ Prüfen Sie genau, welche Seiten in Ihrer Schule aufgerufen werden dürfen und welche nicht.
- ✔ Behalten Sie stets einen „Plan B" im Hinterkopf für den Fall, dass das IWB nicht funktioniert.

2 Was das IWB nicht kann

Fazit: Das IWB ist ein **Präsentationsgerät** und kann im schlechtesten Fall auf Grund von Unkenntnis und schlechter Bedienung zu einem Hindernis im Klassenzimmer werden. Richtig angewendet und in seinen Möglichkeiten ausgeschöpft, bietet es jedoch eine Vielzahl an Möglichkeiten, die die Kreidetafel nicht leisten kann. Die Kombination visueller, auditiver und beweglicher Elemente kann, sinnvoll eingesetzt, den Lernprozess unterstützen und die Schüler auf verschiedenen Kanälen erreichen. Die Schüler werden durch unterschiedliche Methoden fokussiert und müssen dabei nicht immer unbedingt nur die Tafel anstarren. In unserer technologieorientierten Welt bietet das IWB eine gute Möglichkeit, um die Lebenswelt der Schüler noch mehr in den Klassenraum zu holen.

3

3 Erste Schritte am IWB

> *Wo soll ich denn jetzt anfangen? Alles ist neu, und ich kenne mich mit den einzelnen Programmen gar nicht aus! Meine Schüler sind teilweise schon viel erprobter als ich, wie kann ich das kompensieren? Das kann doch nur auf eine Blamage hinauslaufen …*

Allgemein

Bevor Sie das IWB im Unterricht einsetzen, sollten Sie sich erst einmal in aller Ruhe mit dem Gerät und den Eigenschaften **vertraut machen**. Schauen Sie sich dabei nicht nur die zugehörige Software auf dem heimischen Computer an, sondern nutzen Sie ein paar Stunden nach Unterrichtsschluss, um in der Schule an der neuen Tafel herumzuspielen und die Bedienung/Berührungen einzuüben.

Ganz grundsätzlich bedeutet ein Whiteboard, dass ein **Beamer** sowie eine **berührungssensitive Präsentationsfläche** zur Verfügung stehen. Durch das Anschließen eines **Computers**, auf dem die whiteboardspezifische **Software** zur Verfügung gestellt wird, kann beides in Betrieb genommen werden.
Sie können dann in Dateien der Whiteboard-Software arbeiten (z.B. beim SMART Board™ SMART Notebook™ öffnen), auf Ihre eigenen Dateien anderer Formate auf dem Computer/einem Datenträger zurückgreifen oder mit multimedialen Inhalten (Websites etc.) arbeiten. Entweder, Sie (bzw. Ihre Schüler) tun dies über die **Tafel** selbst, oder Sie verwenden **Tastatur und Maus**. Über eine „**Dokumentenkamera**" können Sie dann Ihre Tafelbilder „fotografieren" und abspeichern und somit **aufbewahren** und wieder zugänglich machen.

Wie genau Sie das Whiteboard in Betrieb nehmen, hängt von Anbieter, System und Modell ab, bitte beachten Sie hierzu die Vorgaben des Herstellers.

Erste Schritte am IWB

Szenarium aus dem Unterricht: Frau M. hat ihre Fortbildung zum Einsatz der interaktiven Tafel absolviert, ist begeistert von der Vielzahl an Möglichkeiten und geht voller Elan am nächsten Tag in ihren Unterricht, um die Tafel sofort einzusetzen. Zusammen mit der 7. Klasse betritt sie den Klassenraum, schaltet Computer und Beamer an und öffnet die Software. Auf die erste Seite schreibt sie das Datum und das Thema der Stunde. Die Schüler sind aufmerksam und freuen sich, dass auch Frau M. endlich die Tafel einsetzt.

Nun möchte Frau M. das Lineal an der Tafel öffnen. Es dauert ein paar Sekunden, aber schließlich findet sie das Werkzeug in der Werkzeugleiste wieder. Es erscheint auf der Oberfläche, und sie kann eine Linie ziehen. Sie merkt jetzt, dass sie vergessen hat, ein geeignetes Hintergrundraster zu wählen. Schließlich findet sie auch den entsprechenden Hintergrund, jedoch entspricht das Raster nicht den Einheiten des Lineals. Frau M. zieht das Lineal größer und versucht es erneut. Beim Versuch, die zuvor gezogene Linie zu löschen, erscheinen jedoch nur weitere unbrauchbare senkrechte Linien auf der Tafel. Selbst die Taste, um das Geschehen wieder rückgängig zu machen, findet sie nicht mehr.

Unterdessen kommen von den Schülern tausend tolle Ratschläge. Während Frau M. verunsichert vor der Tafel steht, rufen fünf Schüler gleichzeitig in die Klasse: „Frau M., oben links, da!", oder: „Frau M. soll ich es Ihnen zeigen?", oder: „Da, neben der Kugel, zwischen den Linien!", oder: „Herr K. macht das immer mit dem Zirkelding!". Frau M.s Unsicherheit zollen die Schüler ihr mit Unruhe, und sie wünscht sich nun, die Stunde erst gar nicht mit der interaktiven Tafel begonnen zu haben.

So oder ähnlich könnte es in den Anfangsstunden mit einem neuen IWB laufen. Die Schüler kennen die Programme vielleicht schon aus anderen Unterrichtsstunden und meinen daher, bestens Bescheid zu wissen. Doch oft ist genau das Gegenteil der Fall, die Schüler wissen teilweise weniger, sind nur viel forscher als der Lehrer und möchten ebenfalls erkunden, was die Tafel so alles kann.

Außerdem befinden Sie sich als Lehrer in einer ungünstigen **Position**. Sie stehen unmittelbar vor dem überdimensionalen Bildschirm. Bedenken Sie mal, mit welchem Abstand Sie vor dem heimischen Bildschirm sitzen, um damit das gesamte Geschehen zu überblicken! Hier dagegen sehen Sie immer nur einen kleinen Ausschnitt und können sich daher nur schlecht orientieren.

Erste Schritte am IWB

Treten Sie daher öfter einmal einen **Schritt zurück**, falls Sie etwas suchen und nicht gleich finden. Oftmals wird es Ihnen viel leichter fallen, etwas aus einer gewissen Entfernung zu entdecken. Die Schüler können ja auch ständig den gesamten Bildschirm betrachten, und somit fällt es ihnen leichter, sich auf der Oberfläche zu orientieren.

Geben Sie zu Beginn auch Ihren **Schülern** die Möglichkeit, sich mit den neuen Unterrichtsmaterialien vertraut zu machen. Bitten Sie jeden Schüler einmal an die Tafel und lassen Sie etwas anschreiben. Binden Sie Ihre Schüler in den Lern- und „Ausbildungs"-Prozess aktiv mit ein. Beispielsweise können Sie kleine Aufgaben verteilen wie das Einfügen einer Linie oder das Erstellen einer neuen Seite. Die Schüler werden versuchen, Sie zu unterstützen, und auch den nötigen Respekt im Umgang mit der Tafel erhalten, aber auch die benötigte Erfahrung mit der Technik gewinnen. Lassen Sie die Schüler aktiv werden, und geben Sie ihnen Raum, sich (aber dann gezielt und strukturiert) mit „Expertenrat" einzuschalten: Oftmals sind sie ja technisch bewandert und schnell und können Ihnen eine Hilfe sein.

Den größten Fehler, den Frau M. gemacht hat, ist der, dass sie vorher nicht ausgiebig geübt hat. Sie hat sich nicht genügend mit dem neuen Medium beschäftigt und vertraut gemacht. Nehmen Sie sich nach Ihrer Fortbildung die Zeit und testen Sie nach Ihrem Unterricht an einer großen Tafel in kleinen Schritten verschiedene Aktionen. Fangen Sie dabei klein an. Schreiben und das Erstellen neuer Seiten sowie Abspeichern, Farben wechseln und Linien ziehen sind die wichtigsten Grundvoraussetzungen, die Sie benötigen. Spielen Sie aber auch, ggf. nach und nach, mit den anderen Funktionen und gewinnen Sie so ohne Druck an Erfahrung.

Im Folgenden werden Sie einiges über die ersten Schritte erfahren.

Machen Sie sich klar, wie genau die interaktive Tafel Ihnen im Unterricht nutzen kann und welche Funktionen Sie unbedingt bedienen können müssen, damit sie Ihren Unterricht unterstützt und nicht sogar behindert. Es ist völlig legitim, das IWB zu Beginn wie eine herkömmliche Kreidetafel zu benutzen, um sich mit den Eigenschaften der Tafel vertraut zu machen. Vergessen Sie darüber aber nicht, welche Möglichkeiten es Ihnen über diesen herkömmlichen Gebrauch hinaus bietet, und öffnen Sie sich diesen Zusatzfunktionen gegenüber. Binden Sie nach und nach immer mehr Funktionen in Ihren eigenen Unterricht ein. Tauschen Sie sich mit Kollegen aus, wie diese die Tafel im Unterricht einsetzen und welche Ideen sie haben. Vielleicht können Sie auch gemeinsam neue Tafelbilder entwickeln und davon profitieren.

Erste Schritte am IWB

Im Folgenden werden **Grundfunktionen** dreier wesentlicher **Präsentationsprogramme** dargestellt: SMART Notebook™, ActivInspire und PowerPoint. PowerPoint dient als tafelunabhängiges Programm und ist vielen Nutzern vom heimischen Computer bekannt. SMART Notebook™ ist die tafelabhängige Software eines SMART Boards™. Das Gleiche gilt für ActivInspire für Promethean Boards. Damit werden exemplarisch die Softwares von zweien der größten Anbieter in Deutschland vorgestellt. Im Detail werden sich die Softwares anderer Anbieter, wie beispielsweise Clasus, Panasonic oder Hitachi, immer ein wenig davon unterscheiden; die Grundfunktionen jedoch weichen im Normalfall nicht maßgeblich voneinander ab.
Achtung: Bitte beachten Sie, dass nicht alle Funktionen bei allen Versionen (Testversion/Vollversion …) zur Verfügung stehen.
Sehen Sie die folgenden Grundfunktionen als Ihr Werkzeug, dass Sie gut beherrschen sollten. Mit diesen Fähigkeiten können Sie schnell guten Unterricht halten. Versuchen Sie, weiter zu denken und Ihre eigenen Ideen damit zu verwirklichen. Darüber hinaus wird als vierte Software eine Freeware namens „Prezi" vorgestellt, die eine interaktivere und dynamischere Präsentation und Bearbeitung von Inhalten zulässt. Prezi ermöglicht nonlineare Präsentationen, die im entwickelnden Unterricht ein sehr wesentliches Element darstellen.

Und wenn doch einmal nichts geht?

Genauso, wie für die Nutzung der Kreidetafel Kreide, Wasser und ein Schwamm benötigt wird, benötigen wir für das IWB **Strom, Fernbedienungen** und einen **Stift**. Diese Dinge können abhandenkommen, oder der Strom fließt nicht. Hier gilt es, Ruhe zu bewahren. Überprüfen Sie die folgenden Einzelheiten. Meist sind es Kleinigkeiten, die Sie selbst beheben können. Die Checkliste zeigt, wie Sie möglichst schnell und einfach einen Fehler beheben können.

> ✔ **Stift:** In den einzelnen Schulen ist die Stiftnutzung unterschiedlich geregelt. Der Stift wird am ehesten verloren gehen, daher empfiehlt es sich, immer einen adäquaten in der Tasche zu haben. Sollten beim SMART Board™ entscheidende Stifte fehlen, so müssen Sie, um die entsprechenden Funktionen auszuschalten oder einzuschalten (siehe S. 30), ähnlich geformte Gegenstände in die Ablage legen an der Stelle, wo die elektronischen Sensoren sind.

3 Erste Schritte am IWB

- ✓ **Kabel:** Kein Strom? Kein Signal? Überprüfen Sie alle Kabel, die mit dem Computer, dem IWB oder dem Beamer verbunden sind, und vergewissern Sie sich, dass alle fest sitzen. Ein anderer Grund für Funktionsstörungen könnte sein, dass die Kabel falsch eingesteckt wurden. Machen Sie sich also mit Kabeln und Anschlüssen vertraut und überprüfen Sie diese.
- ✓ **Batterien:** Wenn der Beamer unter der Klassenzimmerdecke hängt, benötigen Sie oftmals eine Fernbedienung. Bevor Sie sich zum Affen machen und über Tische und Stühle klettern, weil die Fernbedienung nicht funktioniert, kontrollieren Sie, ob die Batterien richtig eingelegt sind. Manchmal will Ihnen da jemand einen Streich spielen ... Sie können sich auch für den Notfall mit Ersatzbatterien ausrüsten.
- ✓ **Wenn der Computer versagt:** Schalten Sie den Computer und den Beamer noch einmal komplett aus. Schalten Sie dann alles in der vom Hersteller empfohlenen Reihenfolge wieder ein.

In einigen Fällen werden Sie trotzdem den Fehler nicht sofort finden, und ein Techniker muss gerufen werden. Halten Sie daher immer eine **Alternative** zum IWB im Klassenzimmer bereit (alte Kreidetafeln können beispielsweise an anderer Stelle weiterhin aufgehängt werden). Verlassen Sie sich nicht zu 100% auf die Tafel. Manchmal ist es auch einfach hilfreich, etwas an eine andere Tafel zu schreiben, was über mehrere Stunden stehen bleiben soll. Sollten Sie mit einem sehr langsamen Computer arbeiten müssen und erst mit der Klasse den Klassenraum betreten, dann empfiehlt es sich, den Unterricht so zu planen, dass die Schüler eine Einführung ohne IWB ebenfalls verstehen und erarbeiten können.

SMART Notebook™

SMART Notebook™ ist die auf das SMART Board™ abgestimmte **Software**. Aktuellste Versionen kann man auf www.smarttech.de herunterladen, auch eine Version für zu Hause können Sie für 30 Tage kostenlos herunterladen und somit zur Vorbereitung und Eingewöhnung nutzen.

SMART Boards™ können durch das einfache **Berühren der Oberfläche** genutzt oder mit Hilfe der zugehörigen **Stifte** bedient werden. Dadurch

Erste Schritte am IWB

werden sie den herkömmlichen Schreibgewohnheiten gerecht. Nehmen Sie einfach aus der Ablage einen Stift in einer entsprechenden Farbe in die Hand und schreiben Sie in dieser etwas. Mit dem Schwamm kann man Geschriebenes wieder entfernen. Somit eignen sich SMART Boards™ besonders gut für den Grundschulunterricht, in dem die einfache Bedienung des IWBs eine wichtige Rolle spielt.

Achten Sie immer darauf, ob Sie gerade im Maus- oder im Stiftmodus sind. In den neueren Versionen des SMART Boards™ können auch zwei Schüler gleichzeitig am Board arbeiten.

SMART™ Begrüßungs-Center

Das SMART™ Begrüßungs-Center öffnet sich automatisch zu Beginn. U.U. müssen Sie auch „SMART Notebook™" anklicken. Im Begrüßungs-Center unter „Kurze Einführung" können Sie wählen, wie Sie starten wollen. Sie können eine neue Notebook-Datei starten, eine bereits bestehende Notebook-Datei öffnen, eine Konferenz starten (die Möglichkeit, zwei SMART Boards™ über das Internet miteinander zu verbinden), kalibrieren, die Systemsteuerung aufrufen oder die Sprache ändern. Zu Beginn sollten Sie sich auf die ersten beiden Optionen sowie die Kalibrierung konzentrieren. Wenn Sie auf „Neue Notebook-Datei" klicken, gelangen Sie zur Programmoberfläche.

Kalibrierung

Die Kalibrierung, also das Ausrichten des Stiftes/Berührungspunktes zum Beamer, starten Sie, indem Sie im SMART™ Willkommens-Center „Kalibrieren" wählen oder indem Sie beide Tasten auf der Armatur gleichzeitig gedrückt halten. Danach folgen Sie den Anweisungen auf dem Bildschirm. Sie müssen einfach verschiedene Punkte auf der Tafel durch Berührung bestätigen. Dieser Vorgang dauert lediglich einige Sekunden. Je genauer Sie die Punkte mit den Stiften/ den Fingern treffen, desto präziser wird später das

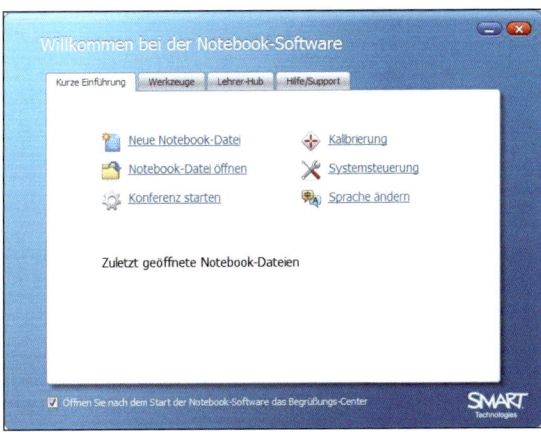

Informationen und Einsatzmöglichkeiten

Arbeiten mit dem Stift möglich sein. Nach dem abgeschlossenen Kalibrierungsvorgang gelangen Sie automatisch in das Hauptmenü zurück.

Stiftablage

Das SMART Board™ besteht neben dem Beamer aus einer Leinwand und einer Stiftablage mit vier Stiften, einem Schwamm und zwei Knöpfen, einem zum Aufrufen der Tastatur und einem anderen als Ersatz für die rechte Maustaste. Wählen Sie einen Stift, erkennt ein Sensor, dass dieser fehlt, und Sie können in der entsprechenden Farbe an der Tafel etwas schreiben. Es wird immer in der Farbe geschrieben, die Sie zuletzt aus der Ablage genommen haben. Dabei ist es nicht notwendig, mit dem Stift zu schreiben, jedes andere Objekt oder der Finger kann diese Funktion ebenfalls übernehmen. Nehmen Sie dabei einfach einen Stift aus der Stifthalterung und legen Sie ihn beiseite. Fahren Sie jetzt, am besten mit dem Fingernagel, über die Tafel, und Ihr Finger „schreibt" in der zuvor gewählten Farbe. Sollte Ihnen also ein Stift abhandengekommen sein, können Sie diesen auch einfach durch ein ähnlich gestaltetes Objekt austauschen.

Ihr Finger ist zudem ein Werkzeug, welches die Maus auf der Oberfläche ersetzt. Beachten Sie dabei, dass alle Stifte und der Schwamm in der Stiftablage liegen müssen, um die Maus zu aktivieren. Um ein unangenehmes Quietschen zu vermeiden, benutzen Sie am besten Ihren Fingernagel, um auf der Bildschirmoberfläche zu navigieren. Probieren Sie es auf der Oberfläche einige Male aus und finden Sie heraus, wie fest Sie aufdrücken müssen, um die Maus problemlos bewegen zu können.

Systemsteuerung

Diese ist etwas für „Profis", sie ermöglicht es, auf die Hardware-Einstellungen des SMART Boards™ zuzugreifen und beispielsweise die Einstellungen für Stift, Schwamm und Schaltflächen zu ändern.

Erste Schritte am IWB

Programmoberfläche

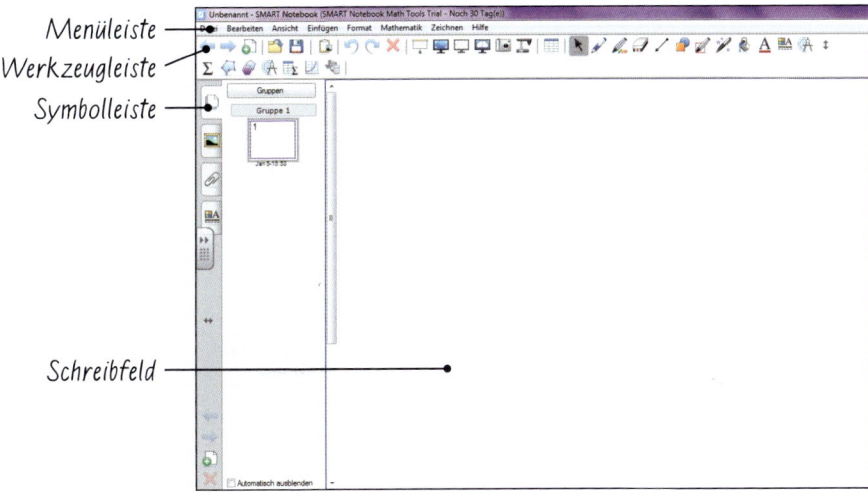

Menüleiste
Werkzeugleiste
Symbolleiste

Schreibfeld

Die Programmoberfläche untergliedert sich in die Menüleiste und die Werkzeugleiste, die Symbolleiste und das große Schreibfeld. Die Menüleiste ganz oben entspricht weitgehend der Ihnen bekannten Windowsleiste. Darunter befindet sich die Werkzeugleiste. Hier finden Sie alle notwendigen Werkzeuge, um Ihre interaktive Tafel effektiv zu nutzen, so beispielsweise der Bildschirmvorhang, die Wahl zwischen ein- und doppelseitigem Bild und die Dokumentenkamera, mit der Sie „Screenshots" erstellen und somit aktuelle Tafelbilder abspeichern können. Weitere Elemente der Werkzeugleiste werden ab S. 33 erläutert.

Symbolleiste

Die Symbolleiste ist in vier Kategorien untergliedert: „Seitenübersicht" (Blatt Papier), „Galerie" (gerahmtes Bild), „Anhänge" (Büroklammer) und „Eigenschaften" (Farben und großes A). Sie können die Symbolleiste verschwinden lassen, indem Sie einen Haken im unteren Bereich bei „Automatisch Ausblenden" setzen. Wenn Sie auf der Schreibfläche arbeiten, bleibt Ihnen so mehr Platz zum Arbeiten.

Klicken Sie in der Leiste auf das jeweilige Symbol, öffnet sich das dazugehörige Fenster.

3 Erste Schritte am IWB

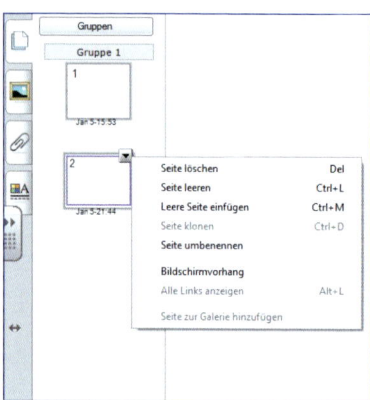

Seitenübersicht

In der Seitenübersicht erhalten Sie eine Übersicht über alle gestalteten Seiten und können Seiten löschen und hinzufügen. Klicken Sie dafür auf den kleinen Pfeil rechts oben auf der jeweiligen Seite in der Seitenübersicht, und es öffnet sich ein entsprechendes Fenster.

„Seite löschen" bewirkt ein komplettes Löschen der Seite, während „Seite leeren" sie beibehält und lediglich den Inhalt löscht. Um von einer auf eine andere bestehende Seite zu springen, können Sie die jeweilige Seite anklicken. Sie können Seiten „klonen", also vervielfältigen, aber auch einen Bildschirmvorhang nutzen. Der Bildschirmvorhang legt sich über die Datei und lässt sich wie bei einem Overheadprojektor mit Maus oder Finger nach oben, unten, rechts oder links verschieben, um nur Teile der Seite sichtbar zu machen.

Galerie

Die Galerie bietet Ihnen eine Vielzahl an Bildern, Aktivitäten und vorgefertigten Seiten. Nehmen Sie sich einmal die Zeit und klicken Sie sich durch die Galerie. Hier finden Sie eine große Auswahl und müssen für sich selbst entscheiden, welche Ressourcen Sie für sich nutzen wollen und können. Um trotz der Fülle schnell etwas finden zu können, bietet Ihnen SMART Notebook™ die Möglichkeit einer Suche. Suchen Sie zum Beispiel eine Landkarte Europas, tippen Sie Europa in das Suchfeld der Galerie ein, und es werden Ihnen verschiedene Möglichkeiten geboten.

Anhänge

Diese Funktion ermöglicht es Ihnen, eine vorbereitete Notebook-Datei mit Anhängen zu versehen. Diese Anhänge können Dateien aller Art sein, beispielsweise Word- oder Audiodateien oder auch Internetadressen. Sie können die Anhänge in Form der kompletten Datei einfügen („Kopie einfügen", dann vergrößert sich die Datei entsprechend) oder lediglich in Form der Information, wo sich die Datei auf der Festplatte befindet („Kurzbefehl für Datei einfügen"). Letzteres hat den Nachteil, dass sie bei Verschieben oder

Löschen oder beim Öffnen der Notebook-Datei auf einem anderen Rechner verloren geht. Mit der dritten Funktion, „Hyperlink einfügen", können Sie Internetadressen im Anhang speichern.

In jedem Fall werden die Objekte im Register „Anhänge" abgelegt und können durch einen Doppelklick geöffnet werden. Sie können auch die Objekte in Ihrer Datei, die Sie mit den entsprechenden Informationen versehen wollen, mit den Anhängen verknüpfen. Das funktioniert über den Pfeil rechts oben in der Ecke > „Verknüpfung" > „Aktuelle Anhänge". Dann öffnet sich die entsprechende Datei, sobald Sie das verknüpfte Objekt anwählen.

Eigenschaften (Farben mit großem A):

Klicken Sie mit dem Pfeil ein Objekt auf Ihrer Seite an, um dieses zu verändern. Klicken Sie danach auf „Eigenschaften", und Sie können die jeweiligen Eigenschaften, wie zum Beispiel Farbe, Transparenz oder Schriftart, für das gewählte Objekt in der Symbolleiste ändern.

🟥 Werkzeugleiste

Wenn Sie über das jeweilige Symbol fahren und die Maus dort halten, erscheint die jeweilige Bezeichnung für das Symbol. Im Folgenden soll eine ausgewählte Auswahl an Symbolen und deren Funktionen erklärt werden.

- ✔ **Vorherige Seite (Pfeil nach links):** Gehen Sie auf die vorherige Seite zurück.
- ✔ **Nächste Seite (Pfeil nach rechts):** Gehen Sie auf die nächste Seite oder erstellen Sie eine neue Seite, wenn Sie am Ende Ihrer Datei angelangt sind.
- ✔ **Seite hinzufügen (Blatt mit Pluszeichen):** Erstellt eine neue Seite unmittelbar nach der aufgerufenen Seite.
- ✔ **Auswählen (Pfeil):** Ist der Pfeil aktiviert, können Sie die gleichen Aktionen durchführen wie mit der Maus, sei es mit der tatsächlichen Maus auf dem Bildschirm, Ihrem Finger oder einem anderen Gegenstand.
- ✔ **Stifte (blau-weißer Stift):** Wenn Sie nicht mit den Stiften selbst arbeiten oder diese am Computer nicht direkt nutzen können, klicken Sie auf Stifte, und es öffnet sich ein weiteres Fenster mit einer Übersicht an Stift-

farben und -linien. Wählen Sie die entsprechende Farbe und Linie, und Sie können auf der Tafel schreiben.

- ✔ **Kreativstifte (Stift mit Farbstrichen):** Die Kreativstifte bieten Möglichkeiten, schnell und effektvoll Hervorhebungen zu setzen. Sie können ganze Linien ziehen oder auch nur mit einem einfachen Klick Sterne oder Smileys setzen.
- ✔ **Schwamm (Schwamm):** Klicken Sie auf den Schwamm, und Sie können Objekte entfernen. Entweder fahren Sie einzeln über die jeweiligen zu entfernenden Objekte oder Sie kreisen großformatige Objekte ein und klicken dann in die Mitte des gesamten Kreises, und das gesamte Objekt verschwindet.
- ✔ **Linien (Linie mit Pfeil):** Auch hier öffnet sich ein Fenster, das Ihnen eine Vielzahl an Linien, Pfeilen und Verbindungen bietet, mit denen Sie einfach und sehr sauber gerade Linien und Verbindungen ziehen können.
- ✔ **Formen (Viereck und Kreis):** SMART Notebook™ bietet Ihnen eine Auswahl an Formen, die Sie auf Ihrer Seite verwenden können. Wählen Sie beispielsweise den Kreis, klicken Sie auf Ihre Seite und halten Sie die Maustaste gedrückt. Ziehen Sie dann das Objekt in die entsprechende Größe und lassen die Maus wieder los. Hier können Sie dann auch mit Farben und Fülleffekten arbeiten.
- ✔ **Formsensitiver Stift (Stift mit Viereck):** Der formsensitive Stift ist eine hervorragende Hilfe, um Formen durch Anzeichnen geometrisch erscheinen zu lassen. Freihandlinien sind nicht immer ganz gerade, oder ein Kreis wird nicht immer ganz rund. Der formsensitive Stift erkennt die von Ihnen gezeichnete Form und korrigiert Sie automatisch. Auch hier gilt: „Übung macht den Meister", und Sie sollten zuvor ein paar Mal üben, wie rund ein gezeichneter Kreis tatsächlich sein muss, damit er als Kreis erkannt wird.
- ✔ **Zauberstift (Stift mit Sternen):** Der Zauberstift darf im kreativen und aktiven Unterricht nicht fehlen. Alles, was Sie mit dem Zauberstift an die Tafel schreiben, wird automatisch nach einigen Sekunden wieder verschwinden. Möchten Sie also nur kurz Schlagworte an der Tafel sammeln oder eine kurze Wiederholung einschieben, eignet sich diese Schrift hervorragend.
Der Zauberstift kann auch die Funktion des Textmarkers erfüllen.
- ✔ **Füllen (Farbeimer):** In der Symbolleiste öffnet sich eine Farbauswahl.

Erste Schritte am IWB 3

Klicken Sie auf „Fülleffekte", und Sie können die „Objekttransparenz" (d.h. die Deckkraft der Farbe) über einen Schieberegler festlegen, die Fläche einfarbig färben („Vollfläche einfügen"), die Fläche zweifarbig gestalten („Verlauf einfügen"), ein Muster wählen („Muster einfügen") oder eine Fläche mit einem Bild füllen („Bild einfügen").

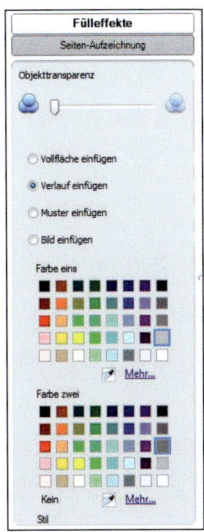

✔ **Text (großes unterstrichenes A):** Sie können natürlich nicht nur handschriftliche Anmerkungen einfügen, sondern auch Druckschriften wählen. Klicken Sie dafür auf das A und dann an die Stelle, wo der Text beginnen soll. Fangen Sie an zu tippen, und es öffnet sich automatisch ein Textfeld. Sie können die Schriftgröße und Schriftart wählen sowie die Farbe und weitere Eigenschaften.

✔ **Messwerkzeuge (Winkelmesser und Zirkel):** Die Messwerkzeuge bieten Ihnen die Möglichkeit, mit einem Lineal, Winkelmesser, Geodreieck oder Kompass an der Tafel sauber und gerade zu arbeiten. Fügen Sie z.B. das Lineal ein und positionieren Sie es, indem Sie die Maus über das Lineal führen und auf das Kreuz warten. Dann können Sie mit dem Stift einfach in der Nähe der Linealkante entlangfahren, und es entsteht eine saubere, gerade Linie. Wenn Sie die Maus in die Zentimeterangabe führen, erscheint ein Kreis mit zwei Pfeilen. Dies ermöglicht Ihnen, das Lineal in sich zu drehen, gleichzeitig wird Ihnen der Winkel im Lineal angezeigt. Mit dem grauen Punkt rechts unten kann das Lineal selbst vergrößert werden.

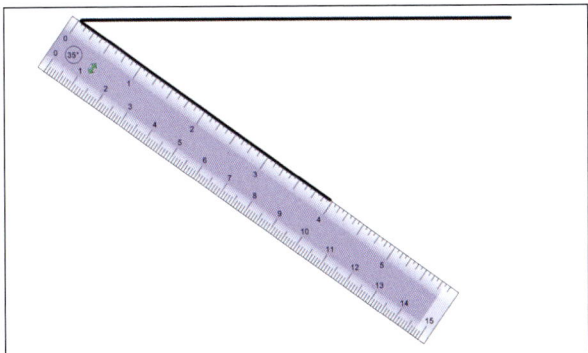

Vergessen Sie dabei nicht, zwischen Verschieben des Lineals und Zeichnen zwischen der Maus- und der Stiftfunktion zu wechseln, sonst erhalten Sie überflüssiger Weise unnötige Linien oder verschieben ungewollt das Lineal.

Mit dem Zirkel können Sie einfach und gezielt Kreise ziehen und den Schülern somit anschaulich die Arbeit am Zirkel verdeutlichen. Diese Funktion erfordert jedoch ein wenig Übung, um sie schnell und gezielt einzusetzen.

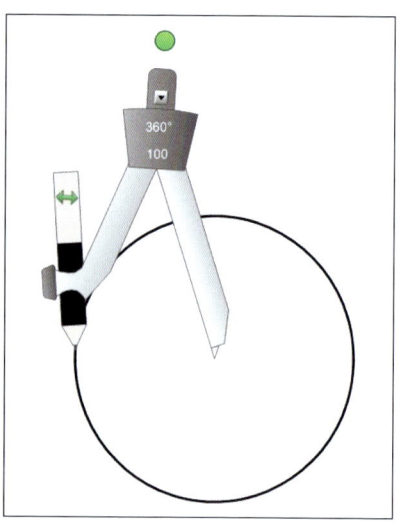

Klicken Sie auf den grünen Punkt oberhalb des Zirkels, um den gesamten Zirkel rotieren zu lassen, auf das Zirkelrädchen, um den Zirkel zu öffnen, und auf die schwarze Fläche, um einen Kreis zu ziehen.

Um Messwerkzeuge wieder zu entfernen, klicken Sie auf das Werkzeug, warten Sie auf den kleinen Pfeil nach unten, klicken Sie darauf und wählen Sie „löschen".

Objekte bewegen

Alle Objekte können Sie auf dem Bildschirm bewegen, vergrößern, verkleinern und drehen. Klicken Sie dabei auf ein Objekt, und es erscheint ein Rahmen um das Objekt.

Der Rahmen hat einen grünen Punkt oberhalb, ein Kästchen mit Pfeil rechts oben und einen grauen Punkt rechts unten. Zum Verschieben des Objekts fahren Sie mit der Maus drüber, warten auf das Kreuz und können dann durch Halten der linken Maustaste und durch Anklicken das Objekt verschieben.

Mit dem grünen Punkt können Sie das Objekt in sich drehen, mit dem grauen Punkt lassen sich Objekte vergrößern oder verkleinern. Klicken Sie auf den Pfeil, öffnet sich ein weiteres Fenster mit weiteren Optionen, wie zum Beispiel dem Kopieren des Objektes („Klonen").

Handschrifterkennung

Sie können ganz einfach Handschriften in Computerschriften ändern. Schreiben Sie das gewünschte Wort an die Tafel. Wenn Sie es nun anklicken, erscheint oben rechts ein kleines Kästchen. Klicken Sie auf das Kästchen, und es öffnet sich ein Drop-Down-Menü. Hier werden ggf. verschiedene Wörter gezeigt, die Sie meinen könnten. Wählen Sie das richtige aus, und automatisch ändert sich Ihr Wort.

In dem Drop-Down-Menü können Sie auch die Sprache auswählen, in der Sie schreiben. Dies ist besonders im Fremdsprachenunterricht hilfreich, da die deutschsprachige Worterkennung nicht unbedingt Akzente und dergleichen lesen kann.

Die Handschrifterkennung lässt sich nicht nur für ein Wort, sondern auch für ganze Zeilen durchführen. Achten Sie dabei darauf, dass alle Wörter einer Zeile eine Gruppierung bilden. Sollte dies noch nicht der Fall sein, dann markieren Sie erst alle Wörter einer Zeile und wählen dann im Drop-Down-Menü den Befehl „Gruppieren" aus.

Desktopleiste

Sie müssen nicht nur auf der Notebook-Oberfläche arbeiten, sondern können jede andere Datei auf Ihrem Computer aufrufen. Wenn Notebook aktiviert ist, öffnet sich automatisch am linken Rand Ihres Bildschirms eine weitere Werkzeugleiste, die Desktopleiste. Sollte diese versteckt sein, können Sie sie durch klicken auf den Pfeil einfliegen lassen.

Die Leiste gibt Ihnen eine Auswahl an Werkzeugen, die Sie auch auf Webseiten oder in anderen Programmen einsetzen können (beispielsweise, wenn Sie Medienkunde betreiben). So können Sie Anmerkungen oder Markierungen gestalten. Wenn Sie diese dann für die weitere Arbeit speichern wollen, klicken Sie in der sich an der linken Seite öffnenden Desktopleiste auf das **Kamerasymbol**,

3 Erste Schritte am IWB

und die Bildschirmansicht wird automatisch abfotografiert und in einer Notebookseite aufgerufen. Wechseln Sie also in Ihre SMART Board™ Software, öffnet sich das zuvor gestaltete Tafelbild. Sollte das Kamerasymbol noch nicht in Ihrer Desktopleiste verankert sein, so können Sie dieses aufnehmen, indem Sie auf das kleine Rädchen ganz unten klicken und durch Herüberziehen des Kamerasymbols diese Funktion aktivieren.

■ Speichern

Wie in Windows können Sie die Seiten unter einem Namen abspeichern und später erneut wieder aufrufen. Bedenken Sie aber dabei, dass Schüler diese Dateien ohne die entsprechende Software zu Hause nicht öffnen können. (Eine Ansichtsversion gibt es i.d.R. kostenlos.) Als Alternative können Sie die Seite als PDF exportieren. Unter „Datei > Exportieren" finden Sie die Optionen, eine Seite als Internetseite, Bilddatei, PDF oder PowerPoint abzuspeichern. Die Vielzahl der Speichermöglichkeiten macht sie für alle Schüler zugänglich, sofern sie auf einen Computer zurückgreifen können.

ActivInspire

ActivInspire, der Nachfolger von ActiveStudio, ist die mitgelieferte Software für die ActivBoards von Promethean. Sie können sich die Software für zu Hause aus dem Internet herunterladen (www1.prometheanplanet.com/de/) und 60 Tage lang die „Professional Version" kostenlos testen oder mit der Schulseriennummer eine Vollversion für Lehrer herunterladen; die „Personal Edition" ist kostenlos. (Ihre Testversion wird nach Ablauf der 60 Tage darauf zurückgestuft.) Die Schulseriennummer finden Sie auf der kleinen Lasche, die auf der Rückseite Ihres ActivBoards befestigt ist. Charakterisierend für ActivBoards ist, dass sie eine harte Oberfläche haben und somit sehr strapazierfähig und langlebig sind. Gearbeitet und geschrieben werden kann nur mit dem zugehörigen Stift, somit muss die Funktions- und Farbauswahl über ein Anzeigefenster auf dem IWB organisiert werden. Wie mit jedem anderen Board auch müssen Sie sich erst mal mit den Eigenheiten vertraut machen und sich an die Handhabung und die Bewegungen gewöhnen. Spielen Sie mit den einzelnen Funktionen und probieren Sie die Bedienung aus, bis Sie Sicherheit haben, bevor Sie es aktiv im Unterricht einsetzen.

Erste Schritte am IWB

Wenn Sie ActivInspire öffnen, haben Sie die Menü- und Werkzeugleisten, einen Seitenbrowser, der Ihnen das Navigieren auf den von Ihnen erstellten Seiten erleichtert, und eine Schreibfläche vor sich (s. S. 41). Außerdem öffnet sich automatisch das ActivDashoard (s. S. 40).

ActivPen

Um ActivBoards bedienen zu können, benötigen Sie einen ActivPen (im Weiteren „Stift" genannt). Der Stift funktioniert kabellos, ohne Batterien, und übernimmt die Funktionen von Kreide und Maus in einem. Die modernen Stifte entsprechen immer mehr den ergonomischen Bedürfnissen.

Der Stift besteht aus der Spitze, einem kleinen Knopf und dem Stiftkörper. Halten Sie die Stiftspitze mit ein wenig Abstand über die Tafel, und es erscheint auf der Tafeloberfläche ein kleiner Orientierungspunkt. Stützen Sie sich zur Erleichterung dabei mit dem kleinen Finger ab. Das Berühren der Spitze auf der Tafeloberfläche entspricht einem linken Mausklick. Möchten Sie einen rechten Mausklick ausführen, dann halten Sie den Stift kurz oberhalb der Tafeloberfläche und drücken Sie den kleinen Knopf am Stift. Es öffnet sich das aus Windows bekannte Dialogfenster mit den üblichen Funktionen. Möchten Sie das Dialogfenster wieder schließen, tippen Sie mit der Stiftspitze neben das Fenster.

Kalibrierung

„Kalibrierung" bedeutet, dass Sie den Stift zur Oberfläche ausrichten, damit diese möglichst exakt die Bewegungen des Stiftes aufnehmen/wiedergeben kann. Oben links finden Sie am Promethean Board einen Punkt mit einer Leuchte. Die Leuchte dient als Stromindikator, zeigt aber auch an, wenn keine Verbindung zum Computer oder Beamer hergestellt wurde. In diesem Falle leuchtet sie rot.

Legen Sie zunächst den Stift abgewinkelt mit der Stiftspitze für einige Sekunden oben links auf diesen Punkt. Der Kalibrierungsprozess startet automatisch, und Sie müssen nur noch den Anweisungen des Programmes folgen. Dieser Vorgang dauert lediglich einige Sekunden. Je genauer Sie die vorgegebenen Punkte mit dem Stift treffen, desto präziser wird später das Arbeiten mit dem Stift möglich sein. Nach dem abgeschlossenen Kalibrierungsvorgang gelangen Sie automatisch in das Hauptmenü zurück.

Erste Schritte am IWB

Sollten Sie Schwierigkeiten haben, den Kalibrierungsprozess mit der Stiftspitze zu aktivieren, können Sie diesen auch jederzeit über die Systemleiste starten.

An einigen Schulen kann es der Fall sein, dass es auf Grund der Grundeinstellungen nötig ist, das Promethean Board zu Beginn jeder Stunde neu zu kalibrieren. Sprechen Sie in diesem Fall mit Ihrem Administrator und versuchen Sie ggf., das für Ihre Schule entsprechende Sicherheitstool auszuschalten. Der Administrator Ihrer Schule wird Ihnen dabei sicher behilflich sein und prüfen, ob dies möglich ist. Bewegliche Tafeln sind im Gegensatz zu den fixierten weitaus anfälliger und müssen daher öfters kalibriert werden, um ein punktgenaues Arbeiten mit dem Stift zu gewährleisten.

ActivInspire Dashboard

Wenn Sie die Software starten, öffnet sich automatisch das Dashboard.

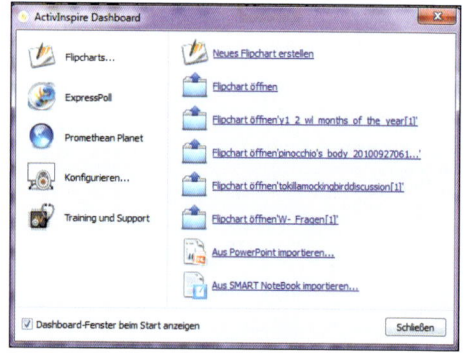

In der linken Spalte wählen Sie die Kategorie, auf der rechten Seite öffnen sich automatisch die dazugehörigen Unterkategorien. Im obigen Beispiel sehen Sie die Standardstarteinstellung. Wählen Sie rechts selbst aus, ob Sie ein neues Flipchart, also eine neue Seite, erstellen oder ein bereits gespeichertes Flipchart öffnen möchten. Außerdem werden Ihnen die zuletzt genutzten Flipcharts angezeigt, und es steht Ihnen die Option zur Verfügung, eine Seite aus PowerPoint oder SMART Notebook™ zu importieren.

Klicken Sie auf „Neues Flipchart erstellen" oder einfach auf „schließen", um eine leere Seite zu erhalten. Wenn Sie Ihr vorbereitetes Flipchart auf einem USB-Stick mitgebracht haben oder es auf der Schulfestplatte abgespeichert haben, finden Sie dies unter „Flipchart öffnen".

Erste Schritte am IWB

● ActivInspire Programmoberfläche

Im Folgenden präsentiert sich die Programmoberfläche:

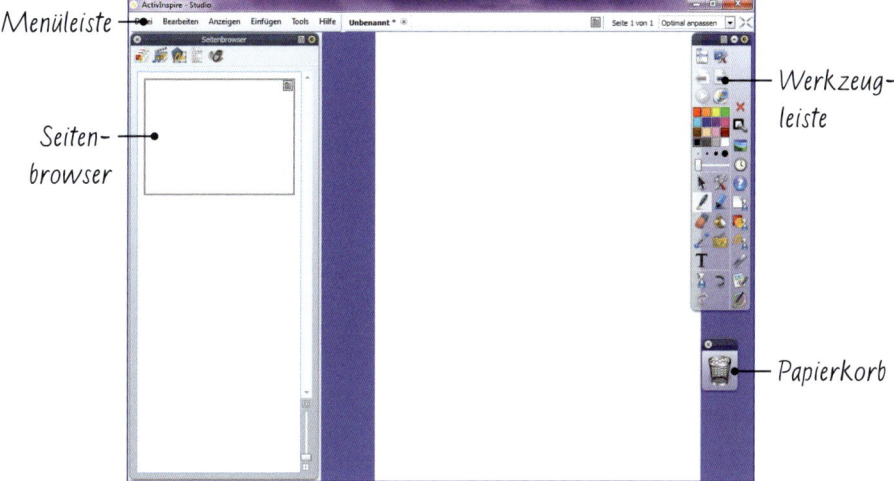

Menüleiste

Seitenbrowser

Werkzeugleiste

Papierkorb

Auf der Menüleiste ganz oben finden Sie die von Windows bekannten Optionen „Datei", „Bearbeiten", „Anzeigen", „Einfügen", „Tools" und „Hilfe". Im linken Bereich finden Sie den Seitenbrowser (s. S. 47). Auf der rechten Seite befinden sich die Werkzeugleiste und darunter der Papierkorb. In der Mitte befindet sich das Flipchart. Diese weiße Fläche wird als Präsentationsfläche genutzt und kann im Unterricht bearbeitet werden. Für das aktive Arbeiten auf einem Flipchart wird die Werkzeugleiste gebraucht.

● Werkzeugleiste

Die Werkzeugleiste kann von Ihnen selbst modifiziert werden. Je nach Ihren Bedürfnissen können Sie sich die einzelnen Funktionen der Werkzeugleiste zusammenstellen. Fangen Sie dabei zunächst mit wenigen Funktionen an und steigern Sie sich mit der Arbeit am ActivBoard. Eine zu chaotische und vollgepackte Werkzeugleiste erschwert es Ihnen zu Beginn nur, die Übersicht zu behalten und schnell auf die von Ihnen gewünschten Funktionen zuzugreifen. Beschränken Sie sich daher zunächst auf die folgenden Grundfunktionen, bevor Sie sich an weitere Funktionen trauen. Im Folgenden werden die wichtigsten einzelnen Möglichkeiten erklärt. In Klammern folgen jeweils die Bezeichnungen, die erscheinen, wenn Sie die Maus, ohne zu klicken, über das jeweilige Symbol führen.

Erste Schritte am IWB

- ✔ **Hammer und Maulschlüssel (Tools):** Klicken Sie auf dieses Symbol (ohne die Seite im Hintergrund), und es werden Ihnen alle anderen Funktionen angezeigt, die Sie vielleicht noch nicht in Ihrer Werkzeugleiste integriert haben, die Ihnen aber dennoch zur Verfügung stehen.
- ✔ **Blatt mit Pfeil nach links (Vorherige Seite):** Wenn Sie bereits mehrere Seiten erstellt haben, können Sie mit den Pfeil-Tasten vorwärts oder rückwärts blättern. Haben Sie den Seitenbrowser geöffnet, dann können Sie auch einfach durch Anklicken einer Seite auf diese springen.
- ✔ **Blatt mit Pfeil nach rechts (Nächste Seite):** Sollten Sie auf der letzten Seite Ihres Flipcharts sein und auf den Pfeil klicken, erstellt sich automatisch eine neue Seite.
- ✔ **Maus (Wählen):** Klicken Sie das Feld mit dem Pfeil an, und Sie erhalten die gewöhnlichen Funktionen, die Sie auch mit Ihrer Computermaus ausführen können. In dieser Funktion können Sie mit dem Stift an dem IWB alle Funktionen ausführen, die Sie auch von Ihrer Maus kennen: Markierungen erstellen, Fenster öffnen, Objekte auswählen und verschieben usw.
- ✔ **Stift (Stift):** Klicken Sie auf das Feld mit dem Stift, und Sie erhalten die Funktionen, um auf dem Flipchart zu schreiben. Sie können nun mit dem Stift handschriftliche Eingaben tätigen. Über die farblich angeordneten Kästchen können Sie die Farbe Ihrer Schrift wählen. Darunter befindet sich die Stiftdicke. Entweder klicken Sie auf einen der Kreise, um diese zu bestimmen, oder Sie wählen den darunter liegenden Schieber, um die Stiftdicke manuell einzustellen.
- ✔ **Textmarker (Marker):** Klicken Sie auf das Symbol mit dem blauen Textmarker, um Textstellen an der Tafel zu markieren. Auch hier können Sie wieder die Farbe und Strichdicke zusätzlich wählen. Im Gegensatz zum Stift ist der Textmarker nicht deckend, sondern lässt Hintergründe noch erkennen.
- ✔ **Radierer (Radiergummi):** Klicken Sie auf den Radierer, und Sie können handschriftliche Eingaben wieder löschen. Wichtig ist dabei, dass Sie nur diese und keine Objekte, Formen oder Hintergründe damit löschen können.
- ✔ **Farbeimer (Füllen):** Wählen Sie den Farbeimer, um Hintergründe oder geschlossene Flächen farbig zu füllen. Die gewünschte Farbe kann auch hier wieder frei gewählt werden (siehe Farbfeld).
- ✔ **Pfeil zwischen zwei Punkten (Anschluss):** Ein Klick auf dieses Symbol erweitert die Werkzeugleiste um eine Auswahl an verschiedenen Verbindungslinien, die Sie ziehen können. Mind Maps und Unterstreichungen können somit schnell und einfach mit geraden Linien erstellt werden.

✔ **Szenenklappe (Medien aus Datei einfügen)**: Sie können auf einem Flipchart eigene Dateien einfügen. Klicken Sie dafür auf das Kästchen mit der Szenenklappe und folgen Sie den Anweisungen zu dem Speicherort Ihrer eigenen Datei. Musik, Filme und Bilder werden somit auf dem Flipchart integriert.
Die Szenenklappe befindet sich außerdem auch im Seitenbrowser.
✔ **T (Text)**: Sollten Sie einmal nicht handschriftlich etwas anschreiben, sondern die Tastatur dafür verwenden wollen, dann nutzen Sie diese Option. Klicken Sie auf das Kästchen und dann auf dem Flipchart an die Stelle, an der Sie den jeweiligen Text einfügen möchten. Automatisch erstellt sich ein Textfeld. Sie können nun über die Tastatur den gewünschten Text einfügen.
✔ **Sprühflasche (Löschen)**: Im Gegensatz zum Radierer kann man mit der Sprühflasche bestimmte Objekte mit einem einzigen Klick auf dem gesamten Flipchart löschen. Klicken Sie auf das Symbol, und es wird sich ein weiteres kleines Fenster öffnen. In diesem Fenster können Sie eine Wahl darüber treffen, welche Elemente Sie komplett löschen möchten: Annotationen, Objekte, Raster, Hintergründe oder Seiten. Dies erleichtert Ihnen immer dann die Arbeit, wenn Sie schnell und ohne großes Wischen zum Beispiel die gesamte Schrift oder den Hintergrund löschen wollen.
✔ **Pfeil mit Linksdrehung (Rückgängig Form zeichnen)**: Der Pfeil nach links erfüllt die Rückgängig-Taste.
✔ **Pfeil mit Rechtsdrehung (Wiederholen)**: Im Gegensatz dazu können Sie rückgängig gemachte Aktionen mit dem Pfeil nach rechts wieder erscheinen lassen.

Objekte einfügen und bearbeiten

Nachdem Schriftzüge, Bilder oder andere Objekte eingefügt wurden, sind diese weiterhin frei beweglich und in ihrer Größe änderbar. (Objekte wie Vierecke, Kreise etc. können Sie in der Vollversion über die Werkzeugleiste einfügen.) Wählen Sie dafür in der Werkzeugleiste die Maus aus und führen Sie dann die Maus über das zu bearbeitende Objekt. Wenn sich neben der Maus ein Kreuz abbildet, klicken Sie einmal auf das Objekt, und es wird von einem Rahmen mit neun Punkten umgeben. Zusätzlich erscheint eine kleine Bearbeitungsleiste oberhalb des Objektes.

Führen Sie die Maus über den unteren, rechten **Punkt**, und Sie können das Objekt proportional vergrößern bzw. verkleinern. Achtung bei Textzeilen, denn diese können nur im Schreibmodus vergrößert werden.

Führen Sie die Maus über das **Kreuz** (Objekt frei verschieben) in der Bearbeitungsleiste, klicken Sie mit der linken Maustaste, und Sie können das Objekt auf der Seite frei bewegen. Durch Loslassen fixieren Sie es wieder.

Der **gebogene Pfeil** (Objekt drehen) ermöglicht es Ihnen, das Objekt um 360 Grad zu drehen.

Beim Klicken auf das nächste Symbol öffnet sich das **Objektbearbeitungsmenü**. Hier werden noch einmal ausführlich alle Bearbeitungsmöglichkeiten in Textform aufgelistet.

Das Kästchen mit dem Kreis und den hindurchscheinenden Linien ist der **Transparenzschieber**. Sie können ein Objekt beliebig transparent erscheinen lassen. Klicken Sie dafür auf das Symbol, halten Sie die linke Maustaste gedrückt und schieben Sie das Symbol auf der sich links abzeichnenden Leiste hin und her. Die Transparenz des Objektes wird automatisch angezeigt. Dies kann von Nutzen sein, wenn Sie mehrere Objekte übereinanderschieben wollen, die untersten Objekte dennoch sichtbar bleiben sollen.

Das Feld mit den **zwei Quadraten** ermöglicht es Ihnen, mehrere Objekte zu gruppieren, das heißt zwei oder mehr Objekte zu einem Objekt zusammenzufügen. Markieren Sie dafür alle Objekte und klicken Sie auf Gruppieren. So können Sie zum Beispiel alle Objekte gleichzeitig verschieben oder im gleichen Verhältnis vergrößern oder verkleinern.

Die nächsten beiden Bearbeitungsmöglichkeiten mit den **Dreiecken** ermöglichen es Ihnen, Objekte auf Ihrer Seite entweder in den Hintergrund oder in den Vordergrund zu schicken. Markieren Sie dafür das Objekt und klicken Sie auf die von Ihnen gewünschte Aktion.

Die **letzten beiden Kästchen** sind eine weitere Möglichkeit, Objekte zu verkleinern oder zu vergrößern. Klicken Sie so oft wie gewünscht auf das entsprechende Kästchen, um Objekte kleiner oder größer darzustellen.

Sollte Ihr Objekt aus einem Schriftzug bestehen, dann erscheint zuletzt auch noch ein Symbol, das Sie in den **Schreibmodus** gelangen lässt. Genaueres finden Sie dazu unter der Rubrik „Schreibmodus" auf S. 46.

Abdeckung

Wie auf einem Overheadprojektor, können Sie auch auf dem IWB Teile des Präsentierten abdecken. Sie finden die Abdeckung in der Menüleiste unter „Tools". Klicken Sie auf „Abdeckung", erscheint automatisch ein schwarzer Bildschirm mit einem diagonalen Kreuz. Der Mauszeiger verwandelt sich in einen Schlüssel. Führen Sie diesen in das entsprechende diagonale Feld, klicken Sie in das Feld und halten Sie gedrückt. Nun können Sie die Abdeckung nach rechts, links, oben oder unten verschieben. Diese Richtung ist zunächst vorgegeben. Wollen Sie die Aufdeckrichtung ändern, dann schieben Sie die Abdeckung wieder in ihre Ausgangsfunktion zurück und das diagonale Kreuz erscheint wieder. Wollen Sie die Abdeckung wieder komplett entfernen, klicken Sie in der Menüleiste erneut auf „Tools" und dann auf Abdeckung, und diese verschwindet.

Spotlight

In der Menüleiste finden Sie unter „Tools" auch das „Spotlight". Das Spotlight ermöglicht es Ihnen, kleinere Ausschnitte des Präsentierten auf- oder aber auch abzudecken. ActivInspire bietet Ihnen hierbei eine Auswahl von vier Möglichkeiten: Der Bildschirm verdunkelt sich, und Sie erhalten eine kleine Durchsicht als Kreis oder als Viereck, oder es verdunkelt sich ein runder oder viereckiger Ausschnitt und der Rest der Tafel bleibt sichtbar.

Wenn Sie den Ausschnitt oder die Abdeckung vergrößern oder verkleinern wollen, fahren Sie mit der Maus über den blauen Rand, bis ein Doppelpfeil entsteht. Klicken Sie auf den Rand und ziehen Sie ihn größer oder kleiner.

Durch das Klicken auf eine beliebige Stelle im schwarzen Bereich können Sie die Abdeckungen verschieben und somit unterschiedliche Teile des hinterlegten Bildes sichtbar machen oder verschwinden lassen.

Papierkorb

Wenn Sie etwas von Ihrer Seite löschen wollen, wie zum Beispiel einzelne Objekte, Schriftzüge oder auch Hilfsmittel wie das Lineal, dann klicken Sie es einfach an und ziehen es in den Papierkorb. Lassen Sie die Maustaste erst wieder los, wenn der rote Pfeil im Papierkorb erscheint.

Schreibmodus

Wenn Sie einen Text entweder anklicken und dann oben rechts auf „Text bearbeiten" klicken oder aber einfach doppelt auf den Text klicken, öffnet sich unter der Menüleiste eine zweite Leiste. Diese entspricht den Optionen, die Sie aus Word zur Schriftbearbeitung kennen. Sie können Schriftart, -farbe, -größe und dergleichen wählen und somit Ihren Schrifttyp anpassen. Um den Schreibmodus zu beenden, klicken Sie einfach auf den weißen Hintergrund Ihrer Seite.

Sie können auch handschriftliche Eingaben in eine Computerschrift umwandeln. Dies sollte allerdings geschult sein und erfordert ein wenig Übung. Sie finden die Handschriftenerkennung ebenfalls unter den Tools. Sie können Handschriften simultan oder nach Ihrer Eingabe umwandeln.

1. Variante: Wählen Sie in der Menüleiste unter „Tools" die Option „Handschrifterkennung" aus. Wenn Sie nun schreiben, ohne vorher auf den üblichen Stift zu klicken, werden Ihre handschriftlichen Worte mit einigen Sekunden Verspätung in Computerschrift geändert. Sollten Sie etwas undeutlich schreiben und das Programm Ihre Worte nicht richtig erkennen, können Sie oben rechts am Wort über ein Drop-Down-Menü aus der Auswahl das richtige Wort wählen. Sollte auch dort das richtige Wort nicht dabei sein, kann man mit Hilfe eines Doppelklicks auf das Wort dieses manuell mit der Tastatur ändern.

2. Variante: Geschriebener Text wird als Objekt erkannt. Klicken Sie diesen Text an und wählen Sie im Objektbearbeitungsmenü oberhalb des Wortes in der Regel das dritte Symbol, „In Text umwandeln", aus. In diesem Fall ändert sich nachträglich nur das von Ihnen ausgewählte Wort in Computerschrift um.

Neben der Handschriftenerkennung gibt es übrigens unter den Tools auch die Formenerkennung, die beispielsweise aus Ihrem Kreis einen wirklich runden Kreis macht. Auch den Umgang mit dieser sollten Sie schulen.

Erste Schritte am IWB 3

🟥 Browser

Bei AcitvInspire versteht man unter einem Browser einen Dateimanager, das heißt: Sie können in diesem bestimmten Fenster, Browser genannt, Dateien oder Seiten übersichtlich in einem kleinen Format überblicken. Notiz- und Aktionsbrowser sind nicht in allen Versionen von ActivInspire enthalten.

Seitenbrowser

Der Seitenbrowser öffnet sich automatisch in einem eigenen Fenster, wenn Sie in einer Datei arbeiten. Hier werden die einzelnen Seiten Ihres Flipcharts angezeigt, und Sie können darauf jeweils mit einem Klick zugreifen. Das Symbol für den Seitenbrowser im Browserfenster sind die hintereinander gestaffelten Seiten.

Ressourcenbrowser

Der Ressourcenbrowser enthält bereits mitgelieferte Bilder, Töne oder Animationen. Sie können aber auch Ihre eigenen Ressourcen dort hochladen. Sie finden ihn ebenfalls in dem Browserfenster unter dem Symbol mit der Szenenklappe und der Note. Der Ressourcenbrowser ist immer dann sehr hilfreich, wenn Sie auf bereits existierende Hintergründe oder Ideen zurückgreifen wollen. ActivInspire bietet Ihnen hier eine Vielzahl an Möglichkeiten. Klicken Sie sich zu Beginn Ihrer Einarbeitung einmal durch alle Ordner durch und erkunden Sie für sich selbst, welche Ressourcen für Sie brauchbar sind. Unter Umständen sparen Sie später Zeit, wenn Sie ansprechende und gezielte Tafelbilder erstellen möchten.

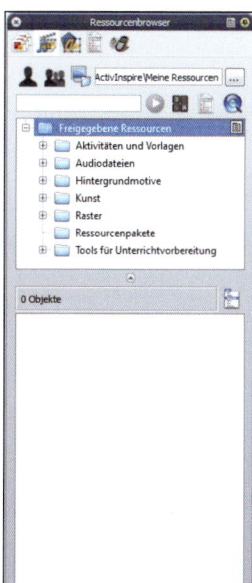

Besonders soll hier auf den Ordner „Raster" hingewiesen werden. In den einzelnen Unterordnern finden Sie eine Vielzahl von Hintergründen, die Ihnen und Ihren Schülern das Schreiben an der Tafel erleichtern wird. Wählen Sie ein Linienraster, um im Anfangsunterricht Orientierungshilfen zum Schreiben zu haben. Oder wählen Sie einen geeigneten karierten Hintergrund für die Mathematik, auch die Musiker finden hier ihre Notenlinien.

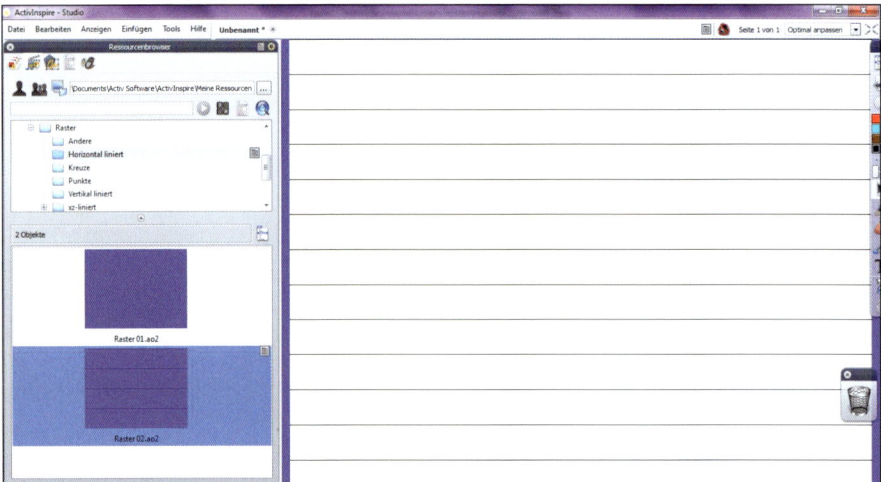

Objektbrowser

Der Objektbrowser soll den Umgang mit Elementen vereinfachen. Auf der ersten Ebene befinden sich Stift, Textmarker u.a. Auf der mittleren Ebene finden Sie Bilder, Formen und Textobjekte. In die untere Ebene können Sie selbst Objekte ziehen und sie dort ablegen.

Der Hintergrund enthält Motive, Raster und die Farbe der Seite.

Weitere Browser

Der **Eigenschaftenbrowser** spielt für den Unterrichtsablauf normalerweise keine Rolle.

Der **Abstimmungsbrowser** steht im Zusammenhang mit Abstimmungsgeräten, die gesondert erworben werden können (siehe S. 95). Die Schüler können Multiple-Choice-Aufgaben lösen, und Sie sehen die Ergebnisse ein.

Mit dem **Notizenbrowser** (Vollversion) können Sie Ihre Anmerkungen festhalten und verwalten.

Erste Schritte am IWB

Der **Aktionsbrowser** (Vollversion) weist Objekten Aktionen zu, beispielsweise kann man ein Objekt hierüber kopieren oder markieren.

🟥 Desktop-Modus

Sie können nicht nur auf einem Flipchart arbeiten, sondern auch auf anderen Seiten mit Hilfe von ActivInspire Aktionen vornehmen. Klicken Sie dafür in Ihrer Werkzeugleiste auf das Symbol „Desktop Tools" mit der dahinterliegenden Seite. ActivInspire minimiert sich, und es öffnet sich ein kleinerer Werkzeugkreis auf Ihrer Desktopoberfläche oder dem jeweiligen Programm, das Sie geöffnet haben.

Mit dem Desktopkreis können Sie nun zum Beispiel auf Websites oder in PDF-Dokumenten handschriftliche Anmerkungen und Ähnliches einfügen. Möchten Sie diese abspeichern, dann nutzen Sie die Kameraoptionen und wählen Sie den Ausschnitt, den Sie weiterhin nutzen wollen. Der gewählte Ausschnitt wird automatisch auf einem neuen Flipchart eingefügt und steht Ihnen in ActivInspire zur weiteren Bearbeitung zur Verfügung.

🟥 Flipcharts für Schüler zur Verfügung stellen

Sie können Ihre Flipcharts jederzeit für den späteren Gebrauch abspeichern und wieder aufrufen. Möchten Sie Ihre Arbeitsergebnisse ausdrucken oder an Schüler elektronisch weiterleiten, ist es ratsam, das Flipchart als PDF abzuspeichern. PDFs können am wahrscheinlichsten von allen Schülern zu Hause geöffnet werden, auch wenn sie nicht über ActivInspire verfügen.

Klicken Sie in der Menüleiste auf „Datei" und wählen Sie die Option „Drucken". Danach können Sie entweder einen Papierausdruck starten oder eine PDF-Datei erstellen, indem Sie im Druckfenster unten rechts die Option „Exportieren als PDF" wählen. Sie können im Anschluss die PDF-Datei unter Ihren Dokumenten speichern.

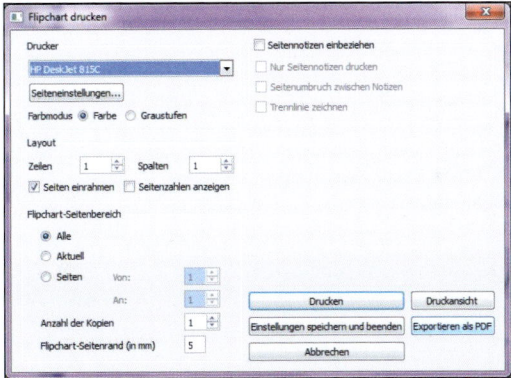

Informationen und Einsatzmöglichkeiten

3 Erste Schritte am IWB

PowerPoint

Microsoft PowerPoint, als Teil der Microsoft Office Suite, ist ein **Präsentationsprogramm von Microsoft** und läuft auf einem Standard-Windows-PC. Auch neuere Apple-Computer, welche mit Intel-Prozessoren arbeiten, sind MS-Windows-fähig und somit PowerPoint-kompatibel.

Mit PowerPoint kann man entweder einzelne Folien oder eine gesamte Präsentation mit mehreren Folien erstellen.

Microsoft Windows ist auf den meisten Computern in Schulen zu finden, somit auch die Office-Suite. PowerPoint ist ein ideales Programm, um Präsentationen vorzubereiten. Zudem ist es an den meisten Computern einsetzbar, auch ohne die IWB-spezifische Software. Der Vorteil liegt darin, dass der Lehrer auch von zu Hause aus den Unterricht problemlos vorbereiten kann.

Diese Anleitungen sollen Ihnen einen ersten Einstieg ermöglichen. Abbildungen und Erklärungen sind möglichst allgemein gehalten, beziehen sich im Speziellen jedoch auf die PowerPoint-Version von 2010. Beachten Sie aber, dass genau wie beim Schreiben die Sicherheit erst durch das **Ausprobieren und Praktizieren** kommt.

An dieser Stelle sei noch einmal betont, dass der Einsatz von PowerPoint nicht zu einem stur vorgeplanten Frontalunterricht führen darf. Überfrachten Sie Ihre Folien nicht mit Informationen, sondern bauen Sie Ihre Präsentation Stück für Stück auf. Und bereiten Sie, wo immer möglich, nur das grobe Gerüst vor und geben Sie Raum für einen entwickelnden, die Schüler wirklich fordernden Unterricht. Beispielsweise zeigen Sie nur ein Diagramm, die Auswertung erfolgt gemeinsam im Unterricht, und währenddessen werden die Ergebnisse festgehalten.

Erste Schritte am IWB 3

■ Die PowerPoint-Oberfläche

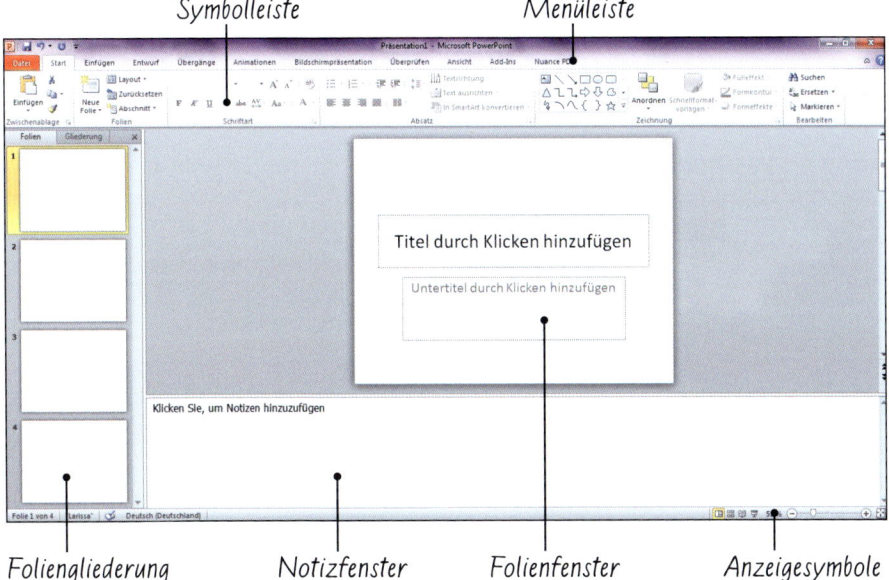

Foliengliederung   Notizfenster   Folienfenster   Anzeigesymbole

■ Folienlayout wählen

Sobald Sie PowerPoint öffnen, öffnet sich auch die erste Folie. Um eine ansprechende Präsentation zu erstellen, ist das Layout der einzelnen Seiten von großer Bedeutung. Sowieso sollten die Texte auf den einzelnen Seiten einer solchen Präsentation immer so kurz wie möglich sein und sich auf das Wesentlichste beschränken. Oftmals sorgen Diagramme, Bilder und Tabellen für schnellere und nachhaltigere Lerneffekte. Diese können Sie mit dem richtigen Layout problemlos in die Präsentation einfügen.

Um Ihrer Folie das richtige Layout zu verpassen, klicken Sie die entsprechende Folie an und gehen in der Menüleiste auf „Start" und dann auf „Layout". Hier haben Sie eine Auswahl von verschiedenen Layouts für Ihre Folie, die Sie auch gleich im Miniaturformat einsehen können.

Zur Auswahl stehen folgende Layouts:
- ✔ **Titelfolie**
- ✔ **Titel und Inhalt**
- ✔ **zwei Inhalte**
- ✔ **Vergleich**
  etc.

Diagramme, Bilder oder Tabellen können Sie ganz einfach durch das Klicken auf das entsprechende Symbol einfügen. Sie wählen z.B. das Folien-Layout „Titel und Inhalt" und können dann im Folienfenster auf der Folie zwischen verschiedenen Aktionen wählen.

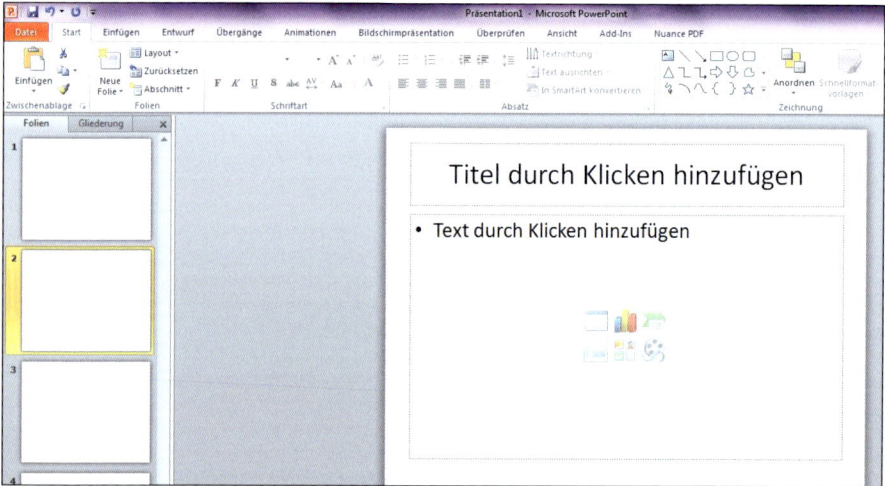

Ausschnitt

Folgende Elemente können Sie in Ihre Präsentation einfügen:
- ✔ Tabelle
- ✔ Diagramme
- ✔ Smart-Art-Grafik (Informationsblöcke, Verläufe etc.)
- ✔ Grafik aus Datei (eigene Dateien einfügen)
- ✔ ClipArts (eigene oder aus dem Office-Paket)
- ✔ MediaClip einfügen (Film-Dateien)

Foliendesign

Neben dem Folienlayout können Sie auch Ihr eigenes Foliendesign festlegen. In der Menüleiste unter „Entwurf" können Sie zwischen verschiedenen Möglichkeiten wählen. Hierbei können Sie festlegen, welche Farbe Ihre Folienseite erhalten soll, welche Farbe und Schriftart Ihre Schrift haben soll oder welche Aufzählungszeichen Sie haben möchten.

Dieses Design sowie die gewählte Schriftart werden dann durchgängig für Ihre komplette Präsentation verwendet.

Erste Schritte am IWB

Ausschnitt

Das Foliendesign und die Farben können je nach Thema und Publikum ausgewählt werden. Sollte Ihnen ein Foliendesign gefallen, aber die Farben nicht, so können Sie unter „Farben" die Farben für Ihre Folien ändern.

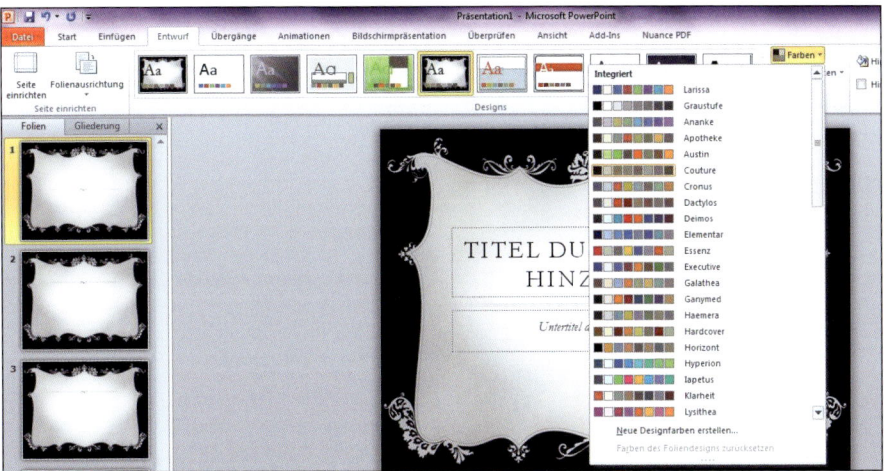

Ausschnitt

■ Füllen mit Inhalten

Ihre Folien können Sie ganz einfach mit Inhalt füllen, indem Sie in das Textfeld auf „Text durch Klicken hinzufügen" gehen und schreiben und/oder Bilder, Tabellen und Diagramme einfügen. Anschließend geben Sie Ihrer Folie noch eine Überschrift, indem Sie auch im Überschriftenfeld auf „Titel durch Klicken hinzufügen" klicken – und schon ist Ihre Folie fertig.

Erste Schritte am IWB

Ihre Schrift können Sie, wie auch in Word, in der Menüleiste unter „Start" verändern. Markieren Sie Ihren Text auf der Folie und wählen Sie Schriftart, -größe oder -farbe aus.

Reichen Ihre Folien nicht aus, so können Sie unter „Start" ganz einfach welche hinzufügen, indem Sie auf „Neue Folie" klicken. Die Folie erscheint neu im linken Fenster, und Sie können sie nun auswählen. Oder Sie klicken mit der rechten Maustaste auf eine freie Stelle in der Foliengliederung und wählen im Kontextmenü „Neue Folie" aus.

Die Reihenfolge Ihrer Folien können Sie im linken Fenster ändern. Klicken Sie die Folie an, die Sie verschieben möchten, und halten Sie die Maustaste gedrückt. Anschließend ziehen Sie die Folie mit gehaltener Maustaste an die gewünschte Stelle und lassen dann los. Schon ist sie an der gewünschten Stelle.

Foliennummern

Möchten Sie Ihre Folien mit Nummern versehen, dann klicken Sie einfach in der Menüleiste unter „Einfügen" auf „Foliennummern".

Es öffnet sich ein Fenster, und Sie können zwischen verschiedenen Optionen wählen.

- ✔ **Datum und Uhrzeit**
- ✔ **Foliennummern**
- ✔ **Fußzeile**

In der rechten Hälfte des Fensters können Sie außerdem wählen, ob Ihre Auswahl auf allen Folien sichtbar sein soll oder nur auf der aktuellen Folie.

Übergänge

Übergänge zwischen den Folien können individuell bestimmt werden. In der Menüleiste klicken Sie auf „Übergänge", und es öffnet sich ein weiteres Fenster mit mehreren Übergangsoptionen.

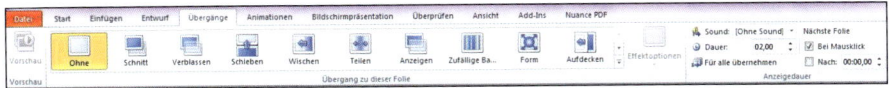

Hier kann man auch einstellen, ob eine Folie bei Mausklick ausgeblendet werden soll oder nach einer bestimmten Zeit. Des Weiteren kann man diese Option entweder nur für die ausgewählte Folie oder für alle Folien auswählen.

Notizen

Oftmals möchte man sich zu den einzelnen Folien Notizen machen. Diese können beim Präsentieren unterstützen.

Das Notizenfeld längs unterhalb der Folie kann man vergrößern, indem man den Rahmen des Fensters nach oben zieht.

Anschließend können Sie in das Fenster Ihre Notizen ganz einfach hineinschreiben und formatieren.

Sie werden dann bei der Präsentation nicht mit angezeigt, können jedoch mit der Folie zusammen ausgedruckt werden (Option im Druck-Menü).

Animationen

Animationen können den Unterricht ergänzen und unterstützen. Setzen Sie Animationen gezielt und wirkungsvoll ein. Nutzen Sie sie nicht aus rein spielerischen Gründen. Sie lenken unter Umständen die Aufmerksamkeit der Schüler auf bewegte Elemente, die gar nicht unterrichtsrelevant sind.

Möchten Sie einzelne Elemente animieren, markieren Sie den Textabschnitt oder das Bild und wählen Sie dann unter „Animationen" > „Animieren" eine Kategorie aus. Dabei können Sie entscheiden, ob und wie etwas erscheinen, betont oder beendet werden soll; ggf. können Sie benutzerdefinierte Einstellungen treffen. Probieren Sie die verschiedenen Möglichkeiten aus und entscheiden Sie selbst, welche Animation für Ihren Zweck am sinnvollsten ist.

Wenn Sie mehrere Animationen eingefügt haben, können Sie sich entscheiden, ob eine zweite oder dritte Animation direkt nach der vorherigen starten soll oder ob Sie sie erst mit einem Mausklick starten möchten. Unter der Option „Start" innerhalb des Menüpunktes „Animationen" können Sie bestimmen, ob die Animation Ihres Objektes nach der vorherigen beginnen soll oder erst nach einem Klick. Genauso gut können Sie Objekte zeitlich animieren und somit zum Beispiel ein Zeitlimit im Unterricht setzen. Im Internet gibt es mittlerweile viele animierte Bilder, einfügbar per „Drag-and-drop". Nutzungsrechte beachten!

Starten der Präsentation

Ihre Präsentation können Sie auf verschiedenen Wegen starten.

1. **Über die Anzeigesymbole**
   Das rechte Anzeigesymbol heißt „Bildschirmpräsentation".
   Klicken Sie darauf, und Ihre Präsentation startet von der Titelseite.

2. **Über die Menüleiste**
   Unter „Bildschirmpräsentation" können Sie auswählen, ob die Präsentation von Beginn an oder von einer ausgewählten Folie aus startet.

Haben Sie Ihre Präsentation gestartet, so können Sie zur nächsten Folie gelangen, indem Sie die linke Maustaste klicken oder auf Ihrer Tastatur „Enter" oder die rechte Pfeiltaste im unteren Bereich der Präsentation drücken. Möchten Sie eine Folie zurück, so gelingt dies über das Anklicken der linken Pfeiltaste oder über den Kontextmenüpunkt „Zurück", indem Sie die rechte Maustaste drücken. Zum Beenden Ihrer Präsentation drücken Sie die ESC-Taste.

In der Präsentation schreiben

Wenn Sie die Präsentation aufgerufen haben, müssen Sie nicht notwendigerweise nur das präsentieren, was auf der Folie zu sehen ist, sondern können ebenfalls handschriftliche Anmerkungen hinzufügen. Wenn Sie Ihre Präsentation gestartet haben und mit der Maus im linken unteren Bereich über die Folie fahren, erscheint eine kleine Leiste mit vier Symbolen: Pfeil rückwärts, Stift, Papier und Pfeil vorwärts. Klicken Sie auf den Stift, und Sie haben verschiedene Schreib-, Lösch- oder Markierungsmöglichkeiten zur Verfügung.

Erste Schritte am IWB

Wählen Sie den Stift oder den Textmarker, um etwas zu schreiben. Sie können außerdem die Farbe wählen und Anmerkungen ganz oder z.T. löschen.

Wenn Sie zum Ende der Präsentation gelangen, wird PowerPoint automatisch fragen, ob Sie die Anmerkungen behalten oder verwerfen wollen. Klicken Sie auf „Behalten", sind die Anmerkungen automatisch in der Präsentation verankert. Wenn Sie Ihre ursprüngliche Präsentation ohne Anmerkungen erneut in einer anderen Klasse oder in einem anderen Schuljahr verwenden möchten, dann empfiehlt es sich, die Präsentation mit den Anmerkungen unter einem anderen Namen abzuspeichern.

PowerPoints Tricks und Tipps

- ✔ Schnellstart einer Bildschirmpräsentation von der 1. Folie an **(F5)**
- ✔ Wechsel zur Folie Nr. X innerhalb der Bildschirmpräsentation **(Foliennummer + Enter)**
- ✔ Zurückkehren zu Folie 1 innerhalb der Bildschirmpräsentation **(beide Maustasten für 2 Sekunden gedrückt halten)**
- ✔ Ausblenden einer Folie innerhalb der Bildschirmpräsentation **(weiß)** oder zurückkehren von weißem Bildschirm auf Folie **(W)**
- ✔ Ausblenden einer Folie innerhalb der Bildschirmpräsentation **(schwarz)** oder Zurückkehren von schwarzem Bildschirm auf Folie **(B)**

Prezi

PowerPoint ist ein hilfreiches Werkzeug, um Inhalte zu präsentieren. Es hat nur insofern einen Nachteil, als man in den meisten Fällen in einer zuvor festgelegten Reihenfolge den Slides folgen muss. Andere Präsentationsformen wirken diesem entgegen und schaffen einen **interaktiveren und lebendigeren Effekt**. Prezi ist ein solches, webbasiertes Programm, mit dem sich derlei Präsentationen gestalten lassen. Auf einer theoretisch unendlichen Seite kann man Ideen sammeln und ordnen und hinein- und herauszoomen.

Ihre Inhalte werden auf der Prezi-Seite veröffentlicht, aber nicht notwendigerweise für alle sichtbar gemacht. Sie können nur online an Ihrer Seite arbeiten.

Unter prezi.com können Sie die Software aufrufen und sich mit Ihrer Schuladresse kostenlos registrieren lassen. Sollten Sie noch nie zuvor mit Prezi gearbeitet haben, dann schauen Sie sich zunächst eine oder zwei der vielen öffentlichen Präsentationen an; nach dem Anmelden erwartet Sie auch ein kleines Schulungsvideo. So bekommen Sie einen Eindruck davon, was das Programm leisten kann.

Spielen Sie dann auch in diesem Programm ein wenig herum und erstellen Sie eine erste eigene Datei. Nachdem Sie sich eingeloggt haben, klicken Sie unter dem Reiter „Your Prezis" auf das Feld

Prezi-Menü

Das Programm ist sehr intuitiv gestaltet und verfügt über nur sehr wenige Schaltflächen. Sie können zunächst Ihre Ideen sammeln, indem Sie auf die Oberfläche klicken und über die Tastatur Text eingeben. Links oben finden Sie das Prezi-Menü (siehe rechts).

Wenn Sie sich im normalen Bearbeitungsmodus befinden, erscheint im mittleren Kreis „Write". Sie können Ihren ersten, zusammenhängenden Textanteil nun editieren, indem Sie ein Schema unter „Colors & Fonts" aussuchen, Rahmen („Frame") oder Linien, Pfeile und Highlighter („Insert – Shapes") einfügen. Möchten Sie in der späteren Präsentation nicht manuell die Elemente anklicken, dann können Sie auch zuvor einen Ablauf festlegen. Klicken Sie dafür auf „Path" und danach in der entsprechenden Reihenfolge auf die einzelnen Elemente.

Wenn Sie dann aus dem Edit-Modus in den Play-Modus wechseln, können Sie über die Schaltfläche „Play" die Präsentation ablaufen lassen. Klicken Sie dafür die linke Maustaste oder „Enter", und die einzelnen Objekte erscheinen nacheinander groß auf dem Bildschirm.

Multifunktionskreis

Der Multifunktionskreis erscheint beim Klicken auf das jeweilige Element.

Mit dem inneren Kreis können Sie das Element bewegen, der mittlere Kreis vergrößert oder verkleinert das Element, und der äußere Kreis dreht das Element. Über das Pluszeichen können Sie ein Zusatzmenü öffnen, über das Sie Elemente löschen, vervielfältigen oder sie in den Hinter- oder Vordergrund senden können. Sie werden sehen, dass Sie sich schnell und automatisch an die Handhabung gewöhnen.

Beispiele für den Einsatz

Prezi eignet sich immer dann besonders gut, wenn den Schülern größere Zusammenhänge verdeutlicht werden sollen oder gemeinsam Zusammenhänge erarbeitet werden. Dabei müssen Sie als Lehrkraft nicht immer alle Zusammenhänge zuvor erstellen und im Unterricht präsentieren, sondern können das Programm auch aktiv im Unterricht nutzen. So lassen sich zum Beispiel im Englischunterricht die einzelnen Aspekte der Zeiten einfach verdeutlichen:

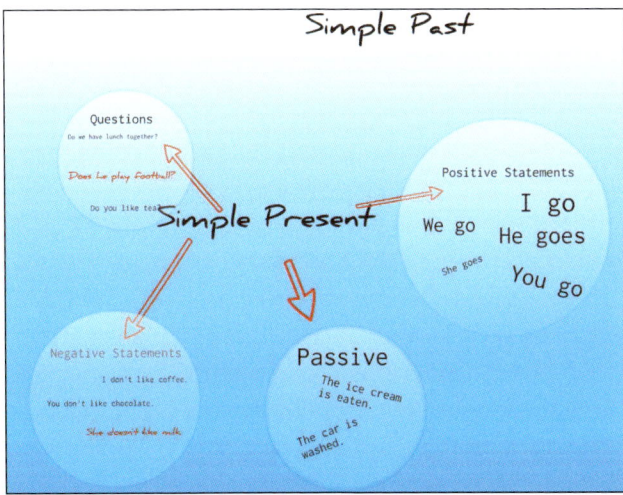

Klicken Sie auf „He goes" und infolgedessen auf das „s", erscheint die Regel dafür.

So können Zusammenhänge anschaulich dargestellt werden. Und doch kann man jederzeit aus den einzelnen Details herauszoomen und den gesamten Zusammenhang darstellen.
Prezi lässt sich aber auch gut dann nutzen, wenn Schüler zu Hause gemeinsam etwas erarbeiten sollen und das Ergebnis im Unterricht präsentiert werden soll. Über das Internet können an einer Prezi bis zu zehn Personen gleichzeitig arbeiten und ihre Ideen austauschen – an verschiedenen Rechnern.

Präsentieren, aber richtig

Genauso wie an der Kreidetafel ist eine gute Präsentation am IWB wichtig. Wie schon angedeutet, besteht hier die Gefahr, dass man eine Seite „überlädt" und die Schüler mit zu vielen medialen Eindrücken überschüttet werden. Daher gelten auch hier wichtige Regeln, die Sie stets beachten sollten, um effektiven Unterricht zu gewährleisten.

Schriftgröße

Die Schriftgröße entscheidet darüber, ob man auch noch in der letzten Reihe den Tafelanschrieb lesen kann oder ob es zu einer Herausforderung wird, dem Unterricht zu folgen. Vier Zentimeter beziehungsweise 18pt gelten als Richtwert. Fragen Sie dennoch aber immer auch Ihre Schüler, ob sie es größer oder kleiner brauchen. Überprüfen Sie auch selbst aus der letzten Reihe, wie leserlich Ihr Anschrieb am IWB ist. Der große Vorteil besteht sicherlich darin, dass Sie Ihre Schriftgröße ganz einfach auch nachträglich noch ändern können. Auch hier gilt daher, Übung macht den Meister.
Zudem können Sie das IWB als Übungswerkzeug nutzen, um die Lesbarkeit Ihrer Schrift zu überprüfen. Die automatische Schrifterkennung verrät Ihnen sehr schnell, ob ein Wort erkennbar geschrieben wurde oder nicht.

Genauso wichtig wie die Größe der Schrift ist der Abstand zwischen den Zeilen. Lassen Sie in etwa so viel Abstand zwischen den Zeilen, dass Sie noch eine weitere Zeile dazwischen schreiben könnten. Je weiter man wegsitzt, desto schwieriger wird die Lesbarkeit, wenn zwischen den Zeilen nicht ausreichend Abstand herrscht.

Schriftfarbe

Mit dem IWB sind so ziemlich alle Farbkombinationen denkbar. Nicht nur die Schriftfarbe, sondern auch die Hintergrundfarbe ist änderbar. Daher ist es wichtig, auf eine kontrastreiche Farbgebung zu achten. Schwarz auf Weiß entspricht der natürlichen Leseerfahrung, allerdings ist ein abgetönter Hintergrund auf Dauer schonender für die Augen. Aber auch Gelb auf Grün ist gut lesbar. Andere Kombinationen, wie Blau auf Schwarz oder Gelb auf Orange, sind nicht nur schlecht lesbar, sondern tendieren teilweise dazu, sich vor dem Auge zu bewegen. Reizen Sie die Schüler also nicht.
Achten Sie auch darauf, nicht in einem Meer von Farben zu ertrinken. Wählen Sie eine Farbe und nutzen Sie eine weitere, maximal zwei, sparsam, um Schüler fokussieren zu können. Zu viele Farben verhindern die Konzentration auf das Wichtige. Beachten Sie auch die Wirkung von Signalfarben wie Rot und Orange. Bestimmte Farben wecken bestimmte Gefühle und sollten daher vorsichtig verwendet werden. Achten Sie auch darauf, dass gleiche Farbnuancen den Eindruck einer gewissen Zusammengehörigkeit in den Schülern wecken oder sogar schwer zu unterscheiden sind. Überlegen Sie sich, wo Sie eine Farbkombination, wie zum Beispiel Dunkelblau und Hellblau, sinnvoll einsetzen können, wo Sie dem besser ein Rot gegenüberstellen etc.

Schriftart

Eine klare und einfache Schrift erleichtert den Unterricht. Wenn Sie zu Hause Unterricht vorbereiten und mit Text arbeiten, wählen Sie eine einfach zu lesende Textschriftart. Nüchterne Schriften sind besser lesbar als verschnörkelte. Arial oder Calibri haben sich dabei bewährt. Mixen Sie möglichst keine Schriftarten in einem Text, es sei denn, Sie möchten damit Unterschiede verdeutlichen. Nutzen Sie eher die Möglichkeiten, eine Schrift fett, kursiv oder unterstrichen zu gestalten, um Hervorhebungen zu verdeutlichen. Wenn Sie in der Grundschule Schreibschriften verwenden wollen, müssen Sie diese gesondert erwerben; dann können sie in sämtlichen Windows-Anwendungen verwendet werden.

3 Erste Schritte am IWB

🟥 Bilder

Wie für die ganze Arbeit am IWB gilt für Bilder: so viel wie nötig, so wenig wie möglich. Bilder wollen wohl dosiert sein, dabei gilt die Regel, dass man eher eins weniger und dafür eindrucksvoll nutzt als zwei zu viel. Visualisierungen können nicht nur veranschaulichen. Sie können das gesprochene Wort auch unterstützen und es in unserem Gedächtnis verankern. Werden Gefühle in einem Bild einbezogen, hilft es den Schülern, neue Inhalte besser zu behalten.

🟥 Grafiken

Diagramme und Tabellen, um Verhältnisse und Größen eindruckender darzustellen, sind schnell und einfach auf dem IWB darzustellen. Lassen Sie jedoch überflüssige Details weg und beschränken Sie sich auf eine ausgewählte Datenmenge, verwenden Sie möglichst keine gesonderte Legende, sondern bereiten Sie die Daten selbsterklärend oder direkt im Diagramm auf.

🟥 Layout

Um den Schülern eine Orientierung auf den einzelnen Seiten zu gewähren, wählen Sie immer ein einheitliches Layout. So können Sie die Zusammengehörigkeit verdeutlichen, und die Schüler können sich auf Ihren Seiten schnell orientieren, beispielsweise Überschrift oben links, Datum immer oben rechts, Aufgabenstellungen unten links und Ergebnisse unten rechts. Geben Sie jeder Seite aber auch eine Überschrift, damit die Schüler immer klar sehen können, auf welcher Seite sie sich gerade befinden und was das Thema ist. Das ist auch für die spätere Nutzung der Seiten hilfreich, wenn Sie diese erneut aufrufen wollen.

🟥 Sonstiges

- Die IWBs sind oft kleiner als die grünen Tafeln. Geben Sie also besonders Acht, dass Sie nicht Teile des Tafelbildes verdecken.
- Bildschirmvorhänge, Spotlights, das Zeigen einzelner Elemente einer Präsentation (einer Seite) nach und nach bringen ein dynamisches Tafelbild.
- Ideal ist ein bewegliches IWB, das Sie ggf. nach oben schieben können.
- Es geschieht schon mal, dass man durch eine versehentliche Berührung der Tafel etwas auslöst, beispielsweise die nächste Folie aufruft. Geben Sie darum Acht, dass Sie beim Deuten auf die Tafel etwas Abstand bewahren.

4

4 Methodenkiste

> *Nun hängt die interaktive Tafel in meinem Klassenraum, und ich nutze sie im Grunde genauso wie die alte Tafel. Worin liegt also nun der Mehrwert? Was kann diese Tafel, was meine alte, vertraute Kreidetafel nicht konnte?*

Das folgende Kapitel soll Ihnen Anregungen geben und das Spektrum der Möglichkeiten anreißen, die das IWB bietet. Insbesondere soll es das aufzeigen, was mit der alten Tafel nur bedingt möglich war. Die interaktive Tafel kann natürlich nichtsdestotrotz auch all das, was Sie bisher mit der Kreidetafel, dem CD-Player oder der Wandkarte erarbeitet haben. Vergessen Sie Altbewährtes keinesfalls, bedenken Sie nur, dass Sie dafür jetzt die interaktive Tafel einsetzen können. Tafelanschriebe, CDs, Filme oder Bilder können nun über einen anderen und zentralen Kanal bereitgestellt werden.

Zauberschrift

Bei der Zauberschrift werden eine gleiche Hintergrund- und Schriftfarbe gewählt. Der Lehrer oder ein Schüler schreibt nun beispielsweise etwas in roter elektronischer Tinte auf einen roten Hintergrund. Der Rest der Schüler beobachtet dies aufmerksam und soll erkennen, was geschrieben wird. Anschließend geben die Schüler dies wieder. Um die Antworten zu überprüfen, muss nun bloß die Hintergrundfarbe geändert werden, und das angeschriebene Wort erscheint.

Vorbereitung

keine Vorbereitung nötig

Software-Hinweise

SMART Notebook™: Zur Vorbereitung klicken Sie auf „Format" und wählen dann „Hintergrund". Dort wählen Sie möglichst eine der vier Stiftfarben. Nehmen Sie dann den entsprechenden Stift in die Hand und schreiben Sie ein Wort. Im Anschluss ändern Sie die Hintergrundfarbe in eine andere Farbe, und das Wort erscheint.

ActivInspire: Wählen Sie den Fülleimer aus der Werkzeugleiste und suchen Sie eine Farbe aus. Klicken Sie dann auf das leere Flipchart, und der Hintergrund färbt sich in der gewählten Farbe. Wählen Sie dann den Stift und dieselbe Farbe. Schreiben Sie ein Wort an und ändern Sie anschließend die Hintergrundfarbe – schon erscheint das Wort wieder.

Beispiele für den Einsatz

- Mit dieser Methode können Sie zum Beispiel im Anfangsunterricht Buchstaben und Zahlen einüben. Schreiben Sie dafür beispielsweise in der Hintergrundfarbe einen neu erlernten Buchstaben an. Die Schüler verfolgen Ihre Schreibbewegung und erraten dann, welchen Buchstaben Sie geschrieben haben. Zur Kontrolle ändern Sie die Hintergrundfarbe und visualisieren den Buchstaben erneut.
- Des Weiteren können Sie geometrische Formen im Mathematikunterricht versteckt anzeichnen. Die Schüler verfolgen den Bewegungsablauf und erkennen die entsprechende Form.

4 Einführungsphase

- Sie können jedoch nicht nur einzelne Buchstaben, sondern auch ganze Wörter auf diese Art und Weise abfragen. Lassen Sie die Schüler die Schreibbewegung von neu gelernten deutschen oder auch fremdsprachlichen Wörtern erkennen. Auch Schüler können an die Tafel kommen und etwas anschreiben. Der Lehrer kann die richtige Schreibung anschließend mit der Änderung der Hintergrundfarbe überprüfen. Zudem wird die Aufmerksamkeit der Schüler auf die Schreibbewegung gelenkt, und sie müssen sich erinnern, welchen Buchstaben sie zuletzt und auf welcher Höhe sie ihn angeschrieben haben.
- Schwieriger wird es, wenn Sie mit Absicht Fehler in die Wörter einbauen und die Schüler erkennen müssen, wo der Fehler steckt.

Einführungsphase 4

Was fehlt?

Bei „Was fehlt?" werden mehrere Wörter, Zahlen oder Bilder auf einmal präsentiert. Die Schüler betrachten diese und versuchen sie sich zu merken. Von den eingeprägten Objekten verschwindet ein Objekt, und die Schüler müssen erkennen, welches. Dabei kann die Antwort aus einem Wort bestehen (z.B. schreiben Sie Wörter verschiedener Wortarten an, und die Schüler nennen die verschwundene Wortart: „hart" verschwindet, der Schüler sagt „Adjektiv"), aber auch zum Beispiel die Beschreibung des verschwundenen Bildes sein.

■ Vorbereitung

Sie müssen eine PowerPoint-Folie mit Wörtern, Sätzen, Bildern oder Ähnlichem vorbereiten. Diese müssen in der gewünschten Reihenfolge des Verschwindens zuvor animiert werden. Während des Unterrichts kann man dann aus einer gewissen Entfernung per Fernbedienung ein Objekt verschwinden lassen, ohne direkt vor der Tafel zu stehen.

■ Software-Hinweise

PowerPoint: Wählen Sie ein geeignetes Layout. Fügen Sie nun alle benötigten Bilder („Einfügen" > „Grafik" oder Rechtsklick und „Einfügen", wenn Sie ein Bild in der Zwischenablage gespeichert haben) oder Wörter („Einfügen" > „Textfeld") ein. Im Anschluss markieren Sie das Objekt, welches zuerst verschwinden soll. Fügen Sie die Animation „Verschwinden" oder „Verblassen" hinzu („Verblassen" ist die einfachere Aufgabenstellung für die Schüler). Verfahren Sie so mit den verbleibenden Objekten. (In älteren PP-Versionen funktioniert das über „Benutzerdefinierte Animationen" > „Effekt hinzufügen" > „Verschwinden" oder „Verblassen".)

Nach der Bearbeitung erhält jedes Objekt eine kleine Nummer. Diese verschwindet, wenn Sie in den Präsentationsmodus wechseln.

Im gegebenen Beispiel verschwindet die Oberflächenformel für den Kreis zuerst. Die Schüler könnten die Antwort geben, dass die Oberflächenformel für den Kreis verschwunden sei, oder eben die Formel nennen, nachdem sie nicht mehr an der Tafel erscheint. Die meisten Schüler werden gebannt auf die Tafel starren, versuchen zu erraten, welches Objekt fehlt, und unbewusst die Formeln memorisieren.

4 Einführungsphase

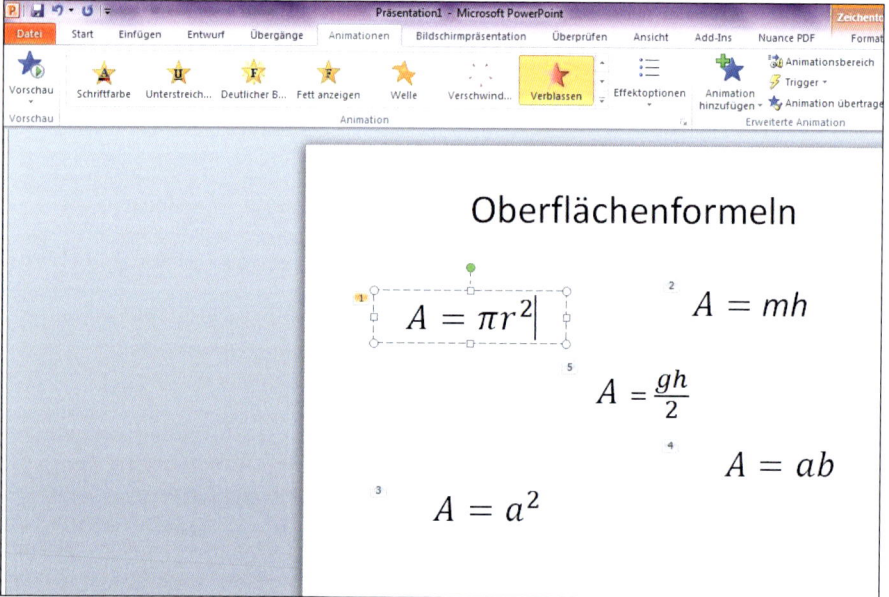

Ausschnitt im Bearbeitungsmodus

Beispiele für den Einsatz

- Sammeln Sie vor Unterrichtsbeginn Bilder mit Vorgängen, zum Beispiel Zähneputzen, Fußballspiel oder die Entwicklungsstadien eines Schmetterlings, auf einer Folie und animieren Sie diese. Die Schüler sollen sich alle Bilder gut einprägen. Zur Vereinfachung lassen Sie sie vor Beginn der Übung beschreiben. So werden sowohl Verständnis als auch Kommunikationsfähigkeit gesichert. Anschließend lassen Sie ein Bild verschwinden. Die Schüler üben so erneut ein, ein Bild zu beschreiben, ohne dass sie es als Wiederholung empfinden. Diese Methode lässt sich sowohl mit naturwissenschaftlichen Vorgangsbeschreibungen als auch im fremdsprachlichen Gebrauch einsetzen.
- Vokabeln können auf diese Weise einfach wiederholt werden, ohne dass eine Übersetzung notwendig wird. Schreiben Sie alle neuen Vokabeln auf eine Seite und animieren Sie diese. Anschließend lassen Sie die Vokabeln nacheinander verschwinden. Die Schüler prägen sich alleine schon durch das Anschauen und Verinnerlichen die Vokabeln ein. Sie müssen dann jeweils das deutsche oder fremdsprachliche Pendant nennen.
- Um den Schwierigkeitsgrad zu erhöhen, können Sie ähnlich dem Spiel „Jeopardy!" eine Frage oder Rechenaufgabe zu der verschwundenen

Einführungsphase 4

Antwort stellen lassen. So könnte im Geschichtsunterricht der Name „Bill Clinton" verschwinden, und die Schüler können als Antwort nennen: „Wer war Präsident der Vereinigten Staaten?"

Variation

Sie können die Elemente nach der Auflösung auch wieder auftauchen lassen. Dies erhöht den Schwierigkeitsgrad, da ständig alle Elemente zu sehen sind und sich die Auswahl nicht verringert.

Kurzzeitgedächtnis

Bei „Kurzzeitgedächtnis" blitzen einzelne Wörter oder Objekte nacheinander kurz auf. Die Schüler müssen diese entweder erkennen und sofort nennen oder sich eine größere Anzahl merken.

Vorbereitung

Vor dem Einsatz der Methode „Kurzzeitgedächtnis" muss die Lehrkraft eine PowerPoint-Folie mit den gewünschten Objekten oder Wörtern vorbereiten.

Software-Hinweise

PowerPoint: Wählen Sie ein geeignetes Folienlayout aus. Fügen Sie alle benötigten Wörter als getrennte Textfelder und Objekte ein. Danach können Sie die Elemente animieren. Klicken Sie hierfür der Reihe nach auf die Elemente und wählen Sie unter „Animationen" zunächst eine geeignete Animation zum Erscheinen. (Achten Sie dabei darauf, dass diese während der späteren Präsentation per Klick einsetzen sollen.) Anschließend fügen Sie über „Animation hinzufügen" eine weitere Animation zum Verschwinden hinzu. Lassen Sie diese jedoch nach der vorherigen starten. Die Optionen unter „Animationen" geben Ihnen eine Auswahl an Möglichkeiten: 1) „Beim Klicken", 2) „mit Vorheriger" und 3) „nach Vorherigen". Die Elemente werden nun nacheinander ein- und wieder ausgeblendet. Sie können auch im Nachhinein noch die Reihenfolge ändern (siehe Animationen-Fenster). Sie können den Schwierigkeitsgrad der Aufgabe durch die Art und Weise des Erscheinens und die Dauer zwischen den beiden Animationen bestimmen. Je länger die Zeit, desto einfacher wird es. Wenn Sie alle Objekte aufeinanderlegen und alle die gleiche Schriftgröße haben, wird die Aufgabe leichter, da die Schüler einen Punkt an der Tafel fixieren können. Verteilen Sie die Objekte über die ganze Tafel und spielen Sie mit Schriftgröße und -art, macht dies die Aufgabe schwieriger und vielleicht auch interessanter.

Beispiele für den Einsatz

- Ein Stundeneinstieg kann ansprechend gestaltet werden, indem der Lehrer assoziative Wörter zur Stunde zunächst nur kurz aufblitzen und die Schüler über Themen und Inhalte spekulieren lässt. Lassen Sie beispielsweise unerwartet das Wort „Arbeitslosigkeit" im Politik- oder Wirtschaftsunterricht zu Beginn der Stunde aufblitzen, so regt das gleich zu einer Auseinandersetzung mit dem Thema an. Weitere Wörter können kurz aufblitzen, und eine Diskussion rund um das Thema kann begonnen werden. Sie können auch die Frage anschließen, welche Stichworte Ihren Schülern gefehlt haben/mit welchen Stichworten sie selbst eine solche Thematik einleiten würden.

- Im Fremdsprachenunterricht können wenig geübte Vokabeln weiter geübt und gefestigt werden. Lassen Sie eine Vokabel aufblitzen. Die Schüler müssen diese schnell erkennen und sich einprägen, bevor sie die Übersetzung, einen Beispielsatz oder eine zielsprachlich orientierte Umschreibung liefern.
- Genauso kann auch das Alphabet abgefragt werden, sei es im Anfangsunterricht auf Deutsch oder zum Einüben der fremdsprachlichen Aussprache der Buchstaben. Die Schüler werden motiviert und konzentriert sein, wenn die Methode nicht zur Routine wird.
- Sie können auch beispielsweise geschichtliche Daten einblenden lassen, und bevor diese wieder verschwinden, muss das dazugehörige Ereignis in die Klasse gerufen werden – oder umgekehrt.

Bildimpuls

Aussagekräftige Bilder in einer guten Qualität können manchmal mehr sagen als tausend Worte. Visuelle Erinnerungen bleiben den meisten Schülern besser und länger im Gedächtnis als ein Text oder das gesprochene Wort. Auch können Bilder ggf. freiere Assoziationen zur Folge haben, während man mit einleitenden Worten evt. schon unbewusst Einfluss nimmt. Großformatige, farbige Fotos vom aktuellen und auch vergangenen Zeitgeschehen lassen sich ohne großen Aufwand reproduzieren.

Technische Voraussetzungen

Ein geeignetes Bild können Sie mit jedem möglichen Programm öffnen und an die Tafel projizieren. Über die Einfüge-Option von SMART Notebook™ und ActivInspire können Sie auch hier kinderleicht Bilder einfügen.

Beispiele für den Einsatz

- Rufen Sie doch einmal vor Unterrichtsbeginn ein dramatisches oder emotionales Bild auf: beispielsweise von Umweltkatastrophen oder terroristischen Anschlägen, aber auch Schnappschüsse von Glücksmomenten und Erfolgsereignissen. Wenn Sie Ihren Unterricht zum Thema Umweltkatastrophen mit einem großformatigen Bild eines mit Öl verschmierten Vogels am Strand beginnen oder zum Thema Globalisierung ein Bild einsetzen, auf dem ausgebeutete Arbeiter in China zu sehen sind, wird jeder Schüler gewisse Emotionen mit den jeweiligen Bildern verbinden und sich somit zunächst ein eigenes Urteil und Gefühle zu einem Thema bilden können. Er wird somit auch zwangsläufig mit einem gewissen Engagement einsteigen.

> *Tipp: Bildrechte*
> *Beachten Sie bitte immer die jeweiligen Urheberrechte, wenn Sie fremde Materialien im Unterricht verwenden. Eigenständig erstellte und öffentlich eingestellte Materialien, wie z.B. PowerPoint-Präsentationen von Austauschplattformen, können meist uneingeschränkt im Unterricht eingesetzt werden. Erkundigen Sie sich dafür immer direkt auf der Internetseite. (Achtung: Natürlich besteht bei diesen Materialien dennoch die Gefahr, dass Rechte Dritter verletzt werden, beispielsweise, indem Bildmaterial*

verwendet wird, an dem der Ersteller der Materialien keine Rechte besitzt. Das geschieht meist nicht vorsätzlich.)

Schwieriger wird es mit Bildmaterialien, die Sie beispielsweise über Google gefunden haben. In den meisten Fällen können Sie diese im Unterricht live präsentieren. Digitale Kopien dürfen Sie jedoch nicht in allen Fällen anfertigen. Achten Sie bitte immer genau auf die Lizenzbedingungen. Medien mit der Kennzeichnung Creative Commons (cc) dürfen Sie im Unterricht und auf Lernplattformen frei nutzen, speichern und verändern. Voraussetzung dafür ist, dass Sie den Urheber namentlich nennen und das Medium auch weiterhin mit (cc) kennzeichnen. (Weitere Voraussetzungen können individuell hinterlegt sein.)

Sie können diese Medien einfach über Google finden. Geben Sie dafür Ihren Suchbegriff wie gewohnt ein. Klicken Sie dann auf „Erweiterte Suche", rechts unterhalb des Suchfeldes. Wählen Sie im Feld der Lizenzrechte „zur Wiedergabe gekennzeichnet" für Bilder und „kostenlos zu nutzen oder weiterzugeben" für eine allgemeine Websuche. Automatisch werden Ihnen nur freie Medien angezeigt.

Wikipedia ist eine Plattform, deren Medien alle komplett für den Unterricht nutzbar sind. „Flickr" und „Picasa" bieten eine Vielzahl von qualitativ hochwertigen Bildern. Auch hier kann man nach Creative Commons suchen lassen. Ihr Medienzentrum kann Sie außerdem mit geeignetem schulischen Material versorgen.

Zum Weiterlesen:

http://alp.dillingen.de/ref/mp/recht/cc-mediensuche.pdf

www.medieninfo.bayern.de unter „Medienpädagogik"
> „Medien und Recht" > „Urheberrecht"

Standbild

Szenen aus Filmen oder Dokumentationen eignen sich hervorragend für die Erarbeitung von Inhalten. Ein Filmausschnitt kann auf vielen Ebenen diskutiert und beschriftet werden. Das gemeinsam Erarbeitete kann dann gleich abgespeichert und weiterhin verwendet werden. Achten Sie dabei darauf, dass Sie die Urheberrechte nicht verletzen. Nutzen Sie Materialien, die für den Unterricht und für die weitere Nutzung und Veränderung freigegeben sind.

Vorbereitung

Es muss lediglich ein geeigneter Film ausgewählt und die gewünschte Stelle festgelegt werden. Dieser kann in jedem verfügbaren Player abgespielt werden.

Software-Hinweise

SMART Notebook™: Öffnen Sie SMART Notebook™, bevor Sie Ihren Mediaplayer (oder Youtube® o.Ä.) öffnen. Automatisch öffnet sich auch die Werkzeugleiste. Spielen Sie den Film ab und halten Sie ihn an der gewünschten Stelle an. Wählen Sie aus der Werkzeugleiste den Stift aus und bearbeiten Sie den Ausschnitt. Um die Szene und die Annotationen nun zu speichern, fotografieren Sie den Bildschirm ab (Kamera rechts oben in der Ecke) und speichern Sie das aktuelle Bild über SMART Notebook™ ab. Die Datei öffnet sich automatisch.

ActivInspire: Öffnen Sie Ihren Mediaplayer (oder auch Youtube o.Ä.). Öffnen Sie darin das abzuspielende Medium und halten Sie es zu dem von Ihnen gewünschten Zeitpunkt an. Wenn Sie nun das entstandene Standbild bearbeiten wollen, öffnen Sie parallel dazu ActivInspire. Wählen Sie den Desktop-Modus in der Werkzeugleiste, und schon erscheint die verkleinerte Werkzeugleiste auch auf Ihrem Mediaplayer. Sie können das Bild nun beschriften und über die Kamera die Bildschirmoberfläche abfotografieren (Sie können es natürlich auch erst beschriften, nachdem Sie es abfotografiert haben). Anschließend können Sie damit in ActivInspire weiterarbeiten. Die Datei öffnet sich automatisch.

Erarbeitungsphase 4

Beispiele für den Einsatz

- Filmanalysen haben ihren festen Platz in den jeweiligen Lehrplänen. Umso wichtiger ist es, Filmelemente mit den Schülern gemeinsam zu analysieren und zu besprechen. Die technische Möglichkeit, Filme anzuhalten und sich Standbilder genauer anzuschauen, ermöglicht es, dem flüchtigen Charakter der Filmwelt entgegenzuwirken.
- Im naturwissenschaftlichen Unterricht lassen sich ebenfalls detaillierte Betrachtungen anstellen. Sehen Sie sich mit den Schülern beispielsweise eine Szene an, die einen Vogel beim Starten oder Landen zeigt, so können Sie hier durch eine Reihe von zu analysierenden Screenshots die Abfolge der Bewegungen verdeutlichen.
- Sprechen Sie im Literaturunterricht über literarische Verfilmungen, lassen sich via Screenshot auch gut Gestik und Mimik der Hauptdarsteller analysieren o.Ä.

Variationen

Mit der oben genannten Technik können Sie verschiedene Bilder bearbeiten und abspeichern. Webseiten können online bearbeitet und Entsprechendes markiert werden. So kann man im Fremdsprachenunterricht zum Beispiel die offizielle Seite des Tourismusverbands aufrufen und besprechen, oder man kann einen Online-Zeitungsartikel gemeinsam besprechen und Textzeilen hervorheben. Im Kunstunterricht lässt sich die Methode nutzen, um großformatig Bildmaterial zu analysieren und zu beschriften, ohne dabei ein Dia oder eine Transparentfolie zu beschädigen. Im Informatikunterricht können einfach und schnell Programmoberflächen beschriftet werden und somit Erklärungen für alle Schüler sichtbar gemacht werden.

4 Erarbeitungsphase

Stationenarbeit

Stationenarbeit hat sich im Unterricht bewährt. Wo findet das IWB da seinen Platz? Sie können beispielsweise eine der Stationen am IWB einrichten. Die Möglichkeiten sind vielseitig, und die Schüler werden motiviert sein, mit einem anderen Medium in einer anderen Dimension arbeiten zu können. Oder Sie richten am IWB einen Übersichtsplan zu den einzelnen Stationen ein. Gehen Sie vor Beginn der Stationenarbeit mit den Schülern die einzelnen Stationen gemeinsam an der Tafel durch. Im späteren Verlauf können die Schüler bei Fragen das Whiteboard „konsultieren" und müssen nicht immer den Lehrer um Unterstützung bitten. Somit eignet sich diese Variante auch gut zum individuellen Arbeiten, falls die Fachkraft einmal nicht anwesend sein sollte. Die Schüler können sich bewegen und an der Tafel etwas „nachschlagen".

Vorbereitungen

Folien für Stationenarbeiten sind in der Regel sehr zeitaufwändig. Die zuvor investierte Zeit wird sich dann jedoch positiv bemerkbar machen, wenn Sie im Unterricht einzelnen Schülern helfen können und die restlichen Schüler unterdessen selbstständig mit Hilfe der Folien arbeiten.

Software-Hinweise

PowerPoint: Richten Sie auf der ersten Seite Ihrer Präsentation eine Übersicht mit allen von Ihnen gewünschten Stationen, ggf. auch einem Tipp- oder Beispielkasten ein. Hinterlegen Sie die eingefügten Textfelder farbig, damit man sie klar erkennt. Dann erstellen Sie für jede Station eine eigene Folie in PowerPoint. Machen Sie dies vor den weiteren Schritten, damit Sie im weiteren Verlauf die Vernetzungen einfacher erstellen können.

Wenn Sie alle Folien erstellt und eindeutig benannt haben, gehen Sie zu Ihrer Übersicht zurück. Ziehen Sie die Maus über einen Kastenrand und warten Sie, bis die Maus zu einem Kreuz wird, klicken Sie rechts, und folgendes Menü öffnet sich:

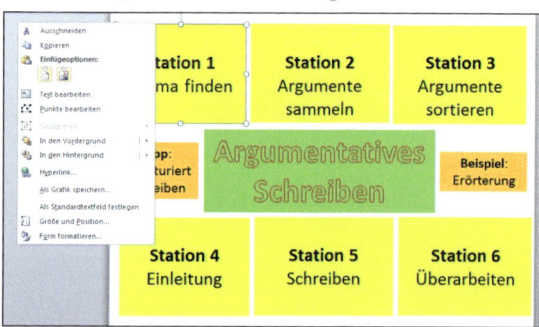

Wählen Sie nun die Option „Hyperlink", und ein weiteres Fenster wird sich öffnen. (In älteren PowerPoint-Versionen müssen Sie nach dem Anklicken des Kastens über den Reiter „Einfügen" gehen.) Im folgenden Fenster wird Ihnen die Möglichkeit geboten, einen Link (eine Vernetzung) zu einer von Ihnen gewählten Seite zu erstellen. Wenn Sie innerhalb des Dokuments einen Link einfügen möchten, dann wählen Sie in der ganz linken Spalte „Aktuelles Dokument", und in der mittleren Spalte werden Ihnen die verschiedenen Folien zur Auswahl angeboten. Wenn Sie die entsprechende Folie wählen, wird Ihnen rechts die Folienvorschau angezeigt. Klicken Sie auf OK, und der Hyperlink ist integriert.

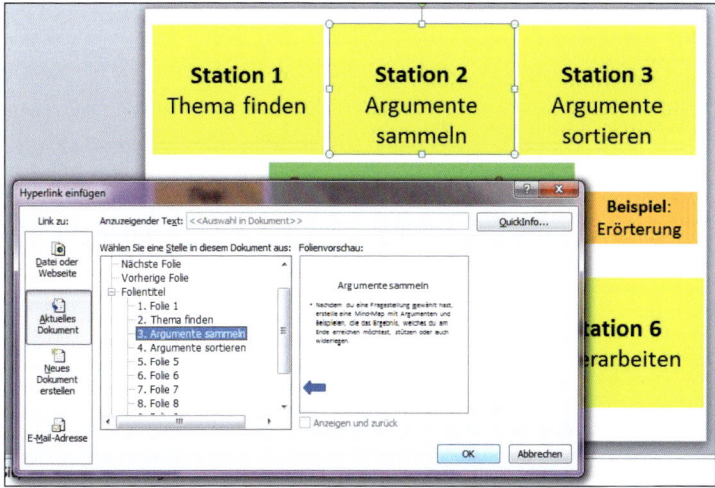

Wenn Sie nun Ihre Präsentation starten, wird über dem entsprechenden Feld die Maus in eine kleine Hand verwandelt, und mit einem Klick gelangen die Schüler auf die entsprechende Folie.

Vergessen Sie nicht, auf jeder folgenden Seite eine Hyperlink zurück auf die erste Seite einzufügen, da man sonst automatisch in der Präsentation weitergeleitet wird, ohne an den Anfang zurückzugelangen. Am einfachsten ist es, wenn Sie ein kleines Symbol, wie beispielsweise einen Pfeil, nach rechts unten rechts in der Ecke einfügen und den Pfeil mit einem Hyperlink auf die Übersichtsseite versehen.

Variationen

> Neben einer aufbauenden Stationenarbeit kann natürlich auch eine Stationenarbeit mit frei wählbarer Reihenfolge gewählt werden.

4 Erarbeitungsphase

- Auf diese Art und Weise können auch einfache Quizze gestaltet werden, sollte keine spezifische Software vorhanden sein, auf der Quizze vorprogrammiert sind. Klickt ein Schüler auf eine richtige Antwort, wird er in der Fragestellung weitergeleitet, wenn nicht, gelangt er zur Ausgangsfolie oder einer Folie, die die Präsentation beendet. Ein einfaches „Wer wird Millionär"-Spiel kann somit leicht erstellt werden.
- Oder Sie verdeutlichen an der Tafel während einer Gruppenarbeitsphase die unterschiedlichen Aufgaben der Gruppenmitglieder (Zeitmanager, Protokollant, Teammanager etc.). Schüler können an der Tafel auf ihren Verantwortungsbereich klicken und noch einmal nachlesen, was genau zu ihren Aufgaben gehört und wie sie diese umsetzen können. Das IWB muss also auch während Gruppen- oder Stationenarbeiten nicht ungenutzt bleiben. Die Schüler haben Grund, sich zwischendurch zu bewegen, und jonglieren mit verschiedenen Medien, sodass sie nicht so schnell gelangweilt sind.

Erarbeitungsphase 4

Zeitzeugendetektive

Wenn Original-Dokumente aus der Vergangenheit einmal genau unter die Lupe genommen werden und die Schüler Detektiv spielen können, kann das zum Beispiel im Geschichtsunterricht oder bei Originalhandschriften im Literaturunterricht sehr motivierend sein. Im Idealfall lassen sie sich stark vergrößern, sodass man sich die Kleinigkeiten am Whiteboard ganz genau anschauen kann. Was hat sich im Hintergrund abgespielt? Wurde ein Dokument vielleicht an einer bestimmten Stelle nochmals überarbeitet? ... Das IWB ermöglicht es, genauer hinzuschauen und Bilder oder Dokumente genauer zu analysieren.

Vorbereitung: Geeignetes Material muss ausgewählt sowie die Qualität überprüft werden – ist es noch scharf, wenn man es stark vergrößert?

■ Software-Hinweise

Ein geeignetes Bild können Sie mit jedem möglichen Programm öffnen und an die Tafel projizieren. Über die Einfüge-Option von SMART Notebook™ und ActivInspire können auch hier kinderleicht Bilder eingefügt werden. Die Vergrößerungen von qualitativ guten Bildern schaffen einen besonderen Eindruck (SMART™: Ansicht > Zoom; Promethean: Bearbeiten > Transformieren > Objekt vergrößern).

■ Beispiele für den Einsatz

- Kopien von Textquellen können nicht immer das vermitteln, was das Original vielleicht verdeutlichen würde. Das Original kann auch das IWB nicht in das Klassenzimmer holen. Die Darstellungsweisen sind jedoch um einiges verbessert gegenüber der gewöhnlichen schwarz-weißen Kopie. Vergleichen Sie doch einmal die verschiedenen Fassungen der amerikanischen Verfassung und analysieren Sie die handschriftlichen Niederschriften. Worin liegen die Unterschiede?
- Es gibt nur eine urkundliche Erwähnung von Walther von der Vogelweide – und die können Sie dank IWB und Wikipedia Ihren Schülern im Deutschunterricht in Farbe präsentieren. Wo genau steht der Name? Das können die Schüler dann markieren. Und Sie speichern sich die markierte wie auch die unmarkierte Variante ab.

4 Erarbeitungsphase

Timer

Um Schülern ein Gefühl für Arbeitszeiten zu geben, ist es sinnvoll, hin und wieder eine für alle sichtbare Uhr einzusetzen. Mit dem IWB ist das nun ganz leicht zu realisieren. Schüler können Aufgabenstellungen zeitlich eigenständig einteilen und bearbeiten.

Vorbereitung

Keine Vorbereitung nötig.

Software-Hinweise

SMART Notebook™: Die Uhr finden Sie bei SMART Notebook™ in der Galerie unter „Galerie-Essentiales" > „Administration und Evaluation"> „Aktive Rückmeldungen" > „Interaktiv und Multimedia". Die Uhr lässt sich als Stoppuhr und als Countdown nutzen.

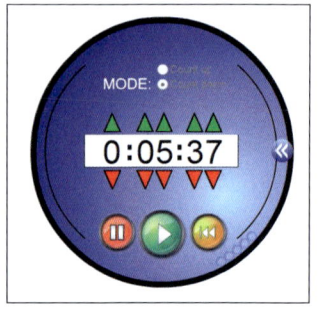

Im oberen Bereich können Sie bestimmen, ob die Zeit vorwärts- oder rückwärtslaufen soll. Soll sie rückwärtslaufen, können Sie mit den kleinen grünen (Ziffern aufwärts) und roten (Ziffern abwärts) Pfeilen die Zeit einstellen und daraufhin auf Play drücken. Möchten Sie die Uhr vergrößern oder verkleinern, fahren Sie dafür mit der Maus über die fünf kleinen Punkte im unteren rechten Bereich und ziehen Sie die Uhr größer bzw. kleiner, wenn der Doppelpfeil erscheint. Über den Doppelpfeil an der rechten Seite der Uhr können Sie außerdem bestimmen, ob die Schüler einen Signalton hören sollen, wenn die Zeit abgelaufen ist.

ActivInspire: In ActiveInspire finden Sie die Uhr in Ihrem Ressourcenbrowser. Tippen Sie „Timer" in das Suchfeld oder rufen Sie die Uhr unter „Tools für den Unterricht" > „Gadgets" auf. ActivInspire bietet Ihnen verschiedene Uhren. Zum Beispiel die folgenden:

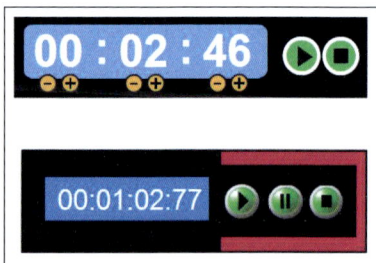

Erarbeitungsphase 4

Die erste Uhr können Sie für einen Countdown wählen, stellen Sie das Zeitlimit ein, indem Sie die Plus- und Minuszeichen nutzen. Die zweite Uhr ist hilfreich, wenn Sie lediglich die Zeit messen wollen. Sie können in beiden Programmen so viele Uhren einfügen, wie Sie benötigen.

Beispiele für den Einsatz

- Spiele, in denen zwei Gruppen gegen die Zeit ankämpfen müssen, wecken den Ehrgeiz der Schüler und machen Spaß; lassen Sie die Gruppe selbst zur Tafel rennen und auf Stopp drücken, um zu signalisieren, wenn sie mit einer Aufgabe fertig ist, und somit ihre Zeit festzuhalten.
- So können Sie Ihre Schüler im Mathematikunterricht motivieren, so viele Kopfrechenaufgaben wie möglich innerhalb eines bestimmten Zeitlimits zu lösen. Lassen Sie die Schüler beim nächsten Versuch das neue mit dem alten erzielten Ergebnis vergleichen und darüber reflektieren, ob sie sich verbessert haben und was möglicherweise die Gründe dafür waren.
- Bei Projektaufgaben oder auch in Klausuren kann eine Zeitangabe den Schülern helfen, sich die Aufgaben besser einzuteilen und die Anforderungen besser zu erfüllen.

4 Erarbeitungsphase

Interaktiver Würfel

In Übungsphasen, in denen willkürlich eine Auswahl an Schülern oder auch an Elementen getroffen werden muss, kann sich der Lehrer zurückziehen, wenn er einen Würfel einsetzt.

Vorbereitung

Vorgefertigte Würfel einfügen oder eigenen Würfel programmieren. Der Programmierung des Würfels sind keine Grenzen gesetzt. Ob es nun Zahlen, Buchstaben, Wörter oder Bilder sind, lassen Sie Ihrer Kreativität freien Lauf und probieren Sie die unterschiedlichen Möglichkeiten aus.

Software-Hinweise

SMART Notebook™: Notebook bietet Ihnen (auch je nach Version) unterschiedliche Würfel: Würfel mit Punkten, Zahlen, Konsonanten, Vokalen, aber auch sprechende Würfel in verschiedenen Sprachen. Sie finden diese in der „Galerie" > „Lesson Activity Toolkit" > „Games" > „Dice". Sie können aber auch jederzeit einen Würfel mit eigenen Inhalten erstellen („Dice – Keyword").

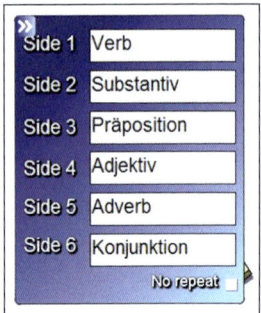

Klicken Sie auf die Würfel, und der Würfel beginnt sich zu drehen.
Sie können beliebig viele Würfel einfügen und miteinander kombinieren.

ActivInspire: Hier befinden sich, je nachdem, welche Version Sie haben, die Würfel im Ressourcenbrowser. Lassen Sie sich über die Suchfunktion die Würfel anzeigen und wählen Sie den von Ihnen gewünschten aus. Durch Klicken auf den Würfel in der Flipchart wird gewürfelt.

Auch unter „Tools" > „Mathematiktools" finden Sie eine Anzahl von entsprechenden Würfeln.

Beispiele für den Einsatz

- Im Anfangsunterricht in der Mathematik lassen sich mit den Würfeln spielend die Grundrechenarten üben. Fügen Sie zwei Würfel ein und üben Sie das Addieren, Subtrahieren, Multiplizieren oder später dann auch das Dividieren. Durch die Möglichkeit, die Würfel für Ihre Bedürfnisse anzupassen, sind Sie nicht nur auf den Rechenraum bis 36 beschränkt, sondern bestimmen selbst, welche Zahlenreihen abgeprüft werden sollen. So kann auch ein Würfel nur mit Siebenern beschriftet werden, um beispielsweise die Siebener-Reihe zu üben. Die Schüler können durch Klicken die Würfel aktivieren, warten die Anzeige gespannt ab, und der Nächste darf würfeln, wenn er das korrekte Ergebnis genannt hat.
- Programmieren Sie im Fremdsprachenunterricht den Würfel mit den neuesten Vokabeln und lassen Sie die Schüler würfeln. Daraufhin muss die Übersetzung genannt oder ein Satz mit der neuen Vokabel gebildet werden.
- Sie können den Würfel auch nutzen, um Aufgaben nach dem Zufallsprinzip zuzuordnen. Möchten Sie, dass eine Gruppe Aufgaben unter sich verteilt, kann der Würfel eine Möglichkeit sein, die Zuordnung zu bestimmen. Programmieren Sie den Würfel zuvor so, dass keine Zahl doppelt gewürfelt werden kann. Wenn Sie den entsprechenden Würfel ausgewählt haben, dann öffnet sich automatisch ein Feld, in dem die benötigten Eingaben abgefragt werden und von Ihnen eingefügt werden müssen. Ist jeder Zahl eine Aufgabenstellung zugeordnet, kann ein Schüler an die Tafel kommen und seine Aufgabe „erwürfeln". Dies kann eine motivierende Aufgabenfindung sein, ohne dass sich Schüler um die vermeintlich einfachere Aufgabe streiten.
- Im Deutschunterricht können Sie mit Hilfe des Würfels Wortarten üben. Machen Sie ein kleines Spiel. Zwei Gruppen stellen sich hintereinander auf. Die ersten beiden Schüler, je einer pro Gruppe, müssen um die Wette die Wortart des Wortes bestimmen, welches auf dem Würfel erscheint. Dann wird wieder gewürfelt, und die nächsten beiden Schüler sind dran. Die anderen Schüler passen auf, da jedes Wort erneut gewürfelt werden könnte. Wer zuerst die richtige Wortart errät, darf sich setzen.

Textlupe

Mit der Textlupe können Sie einzelne Teile eines Textes oder einer Aufgabe sichtbar machen und somit die Schüler auf einen bestimmten Punkt fokussieren, ohne gleich den ganzen Text aufzudecken.

Vorbereitung

Für diese Methode müssen Sie einen Text oder Objekte auf einer Seite einfügen und die Farben dem Hintergrund angleichen, damit der Text oder das Objekt nicht gleich zu Beginn erkannt wird.

> **Vorsicht:** Diese Methode lässt sich nicht mit mehrfarbigen Texten oder Bildern durchführen.

Software-Hinweise

Für SMART Notebook™ und ActivInspire gilt Folgendes: Füllen Sie erst Ihre Seite mit den Inhalten, die Sie später nutzen wollen. Erstellen Sie zudem ein farbiges Feld in der gewünschten Lupen-Form, welches auf der Ebenenhierachie ganz hinten liegt. Gleichen Sie dann die Hintergrundfarbe der gesamten Fläche und die Text- bzw. Objektfarbe an, sodass der Text auf dem Hintergrund nicht mehr zu erkennen ist. Versehen Sie Ihre Form mit einer anderen Farbe. Wenn Sie nun die Form auf der Oberfläche bewegen, legt sie sich zwischen Hintergrund und Text und lässt durch die abweichende Farbe den Text an jeweiliger Stelle erscheinen.

Erarbeitungsphase 4

▎Beispiele für den Einsatz

- Genaues Lesen ist wichtig und muss trainiert werden. Diese Methode hilft Ihnen dabei, die Lesegeschwindigkeit und Konzentration zu lenken. Verbergen Sie mit der Lupe einen Text und decken Sie nur einzelne Wörter oder Buchstaben auf. Lesen Sie gemeinsam mit der Klasse und vermitteln Sie Lesestrategien für schwierige Wörter.
- In der Mathematik lassen sich geometrische Formen und im Schreibunterricht einzelne Buchstaben mit dieser Methode erarbeiten. Gestalten Sie Ihre Textlupe so klein, dass nur Ausschnitte des abgebildeten Gegenstandes gesehen werden können. Die Schüler können an die Tafel kommen und die Lupe verschieben. Sie sollen langsam erkennen, welche Form oder welcher Buchstabe sich hinter der Lupe befindet bzw. wie sie/er sich zusammensetzt. Dafür müssen sie die Grafik nachfahren. Diese motorische Aktivität leistet einen weiteren Beitrag zum Lernprozess.
- Aber auch auf der Satzebene lässt sich mit dieser Methode arbeiten. Lesen Sie gemeinsam mit Ihren Schülern Satz- oder Textanfänge und lassen Sie Ihre Schüler über deren Enden spekulieren. Ein einfaches Kontrollieren ist daraufhin immer möglich, ohne dass der Lehrer im Mittelpunkt stehen muss.

4 Erarbeitungsphase

Ausschnittslupe

Besonders im Kunstunterricht oder beim Einsatz von Bildern in anderen Fächern kann es hilfreich sein, den Fokus der Schüler auf bestimmte Ausschnitte zu fokussieren.

Vorbereitung

Außer dem zu untersuchenden Bild müssen Sie nichts weiter vorbereiten.

Software-Hinweise

SMART Notebook™: In Notebook hat der Zauberstift verschiedene Funktionen. Klicken Sie auf den Zauberstift und zeichnen Sie eine Ellipse auf Ihrer Seite, und es entsteht eine Textlupe im Bereich der Ellipse, der Rest des Bildes verdunkelt sich. Wenn Sie mit dem Zauberstift ein Rechteck zeichnen, dann vergrößert sich alles hinter dem Rechteck.

ActivInspire: In ActiveInspire heißt das Werkzeug „Spotlight". Sie finden es unter „Tools" > „Spotlight". Sie können zwischen verschiedenen Spotlights wählen. Automatisch wird das von Ihnen gewählte Bild abgedeckt, und nur ein kleiner Bereich bleibt aufgedeckt. Sie können den Bereich beliebig vergrößern oder verkleinern und verschieben.

Beispiele für den Einsatz

- Sollten Sie im Kunstunterricht geeignete Bilder oder Grafiken in digitaler Form besitzen, können Sie diese am IWB einsetzen. Lenken Sie die Aufmerksamkeit der Schüler auf einzelne Details.
- Mit Comics und Wimmelbildern lässt sich im Fremdsprachenunterricht gut arbeiten. So kann ein Wimmelbild helfen, das Present Progressive zu üben. Zeigen Sie ein Wimmelbild und decken Sie nur einzelne Aktionen auf. Fragen Sie Ihre Schüler: „What is he doing?" Dann wechseln Sie zum nächsten Bild. Die Spannung wird erzeugt, indem die Schüler noch nicht gleich alles sehen und jedes Mal neu entdecken, was sich hinter der Abdeckung verbirgt. Andere Abfragen, zum Beispiel zum Past Progressive oder den If-Clauses, sind ebenfalls denkbar. Wimmelbilder machen Spaß und sorgen für Gesprächsstoff.
- Im naturwissenschaftlichen Unterricht können Sie den Fokus auf Einzelheiten legen.

Sicherungsphase 4

Wirrwarr

Bei „Wirrwarr" ist es die Aufgabe der Schüler, Buchstaben, Wörter, Sätze oder Bilder in die richtige Reihenfolge zu bringen.

◼ Vorbereitung

Vor der Unterrichtsstunde müssen Sie die entsprechenden Elemente auf einer Folie sammeln und dann die richtige Reihenfolge beseitigen.

◼ Software-Hinweise

Für SMART Notebook™ und ActivInspire gilt Folgendes: Öffnen Sie eine leere Seite. Am leichtesten ist es, wenn Sie den Ausgangstext einmal auf eine leere Seite kopieren oder schreiben. Wenn Sie durch einen Doppelklick auf die Schrift in den Schreibmodus wechseln, können Sie die einzelnen Elemente des Satzes durch Markieren und Herausziehen duplizieren. Sofort werden die einzelnen Wörter oder auch Buchstaben als einzelnes Objekt erkannt und sind frei bewegbar. Den ursprünglichen Satz oder Text können Sie nun löschen, und schon können Ihre Schüler verschiedene Varianten des Satzes oder Textes an der Tafel beliebig oft variieren.

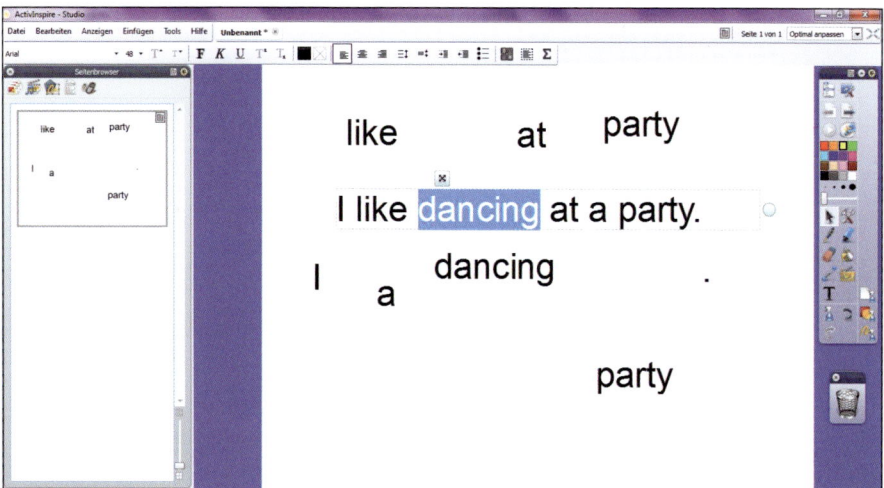

4 Sicherungsphase

■ Beispiele für den Einsatz

- Im Anfangsunterricht können die Schüler aus Buchstaben einzelne Wörter zusammensetzen und darüber diskutieren.
- Besonders in den Fremdsprachen können so Satzstrukturen eingeübt werden. Beispielsweise können Sie im Englischen die Subject-Verb-Object-Manner-Place-Time-Struktur einfach und ausgiebig üben. Sammeln Sie alle Satzglieder an der Tafel, vermischen Sie diese und lassen Sie sie von Ihren Schülern in die richtige Reihenfolge bringen. Schüler können so auch einfach Satzstrukturen ausprobieren und ihr Sprachgefühl testen, anschließend kann man den Satz aber problemlos wieder umstellen. Oder ordnen Sie lediglich die Wörter eines Satzes an und erproben Sie, an welcher Stelle Adverbien üblicherweise stehen. Der Vorteil ist, dass die Schüler
die Satzglieder die ganze Zeit sehen und der Lehrer nicht Elemente wegwischen oder mit Pfeilen arbeiten muss.
- Mit dieser Methode lässt sich das Leseverständnis von längeren Texten oder Zusammenhängen überprüfen. Hierfür bringen Sie zu Beginn an Stelle von einzelnen Wörtern oder Satzgliedern ganze Paragraphen durcheinander. Auch hier können die Schüler wieder durch Ausprobieren einfach eine neue Reihenfolge erstellen und überprüfen, ob diese Sinn macht. Die Textmengen sollten sich jedoch in Grenzen halten, da sonst das Arbeiten erschwert wird.
- In den Naturwissenschaften können Sie Abfolgen von Vorgängen überprüfen. Bereiten Sie die einzelnen Stadien zuvor vor und mischen Sie sie. So können Sie zum Beispiel die Wachstumsabläufe von Obstsorten abfragen oder zu Beginn einer Stunde die Schüler darüber spekulieren lassen. Hier können auch Bilder sehr gut zum Einsatz kommen. Farben können den Lernprozess unterstützen, und Schüler erkennen die einzelnen Farbstadien, die das Obst durchläuft.
- Im methodischen Bereich können Sie auch arbeiten. So eignet sich die Methode gut, um zum Beispiel vor einer Gruppenarbeit oder einer Freiarbeitsphase gemeinsam einzelne Schritte zu erläutern und deren Reihenfolge festzulegen. Die Schüler machen sich also selbst auch Gedanken zu den einzelnen Arbeitsschritten und können begründen, warum sie eine bestimmte Abfolge für sinnvoll erachten.

Sicherungsphase 4

■ Variationen

» Sie können auch ein Bild oder mehrere Bilder einfügen und den einzelnen Details darin oder den ganzen Bildern von den Schülern vorgegebene Begriffe/Beschreibungen zuordnen lassen. Das eignet sich für das Vokabellernen ebensowie für den Fremdsprachenunterricht oder das Bearbeiten von Abbildungen wie Statistiken etc.

> *Tipp:* Das statistische Bundesamt hat viele seiner Statistiken bereits in interaktive Diagramme und Tabellen umgewandelt, zu finden unter www.destatis.de/jetspeed/portal/cms/
> Besuchen Sie die Seite einmal und finden Sie heraus, welche Daten sich gut für einen anschaulichen Unterricht nutzen lassen. Weitere Statistiken finden Sie nach einer kostenlosen Registrierung unter www.statista.de

4. Sicherungsphase

Lückentext

Lückentexte lassen sich zur Überprüfung von Hausaufgaben oder für Lernkontrollen einfach nutzen. An der Tafel können diese schnell aufgerufen werden und die Antworten ebenfalls mit einem Klick eingeblendet werden.

Vorbereitung

Gesamttext und Farbgestaltung müssen zuvor bearbeitet werden.

Software-Hinweise

Für SMART Notebook™ und ActivInspire gilt Folgendes: Fügen Sie den Gesamttext, den Sie für den Lückentext nutzen wollen, auf einer Seite ein. Markieren Sie die Stellen, an denen Sie eine Lücke entstehen lassen wollen, also die Wörter, die nachher eingesetzt werden sollen, in einer anderen Farbe. Wenn Sie nun den Hintergrund in die gleiche Farbe setzen, verschwindet das Wort. Möchten Sie die Wörter außerdem irgendwo anders anführen, damit die Schüler die möglichen Antworten sehen können, beispielsweise in einem Kasten unter dem Text, kopieren Sie diese zuvor heraus und belassen Sie sie in der Ursprungsfarbe. Wenn Sie zusammen mit den Schülern die Lücken handschriftlich im Unterricht ausfüllen möchten, gestalten Sie die Lücken einfach etwas größer.

Möchten Sie die Lösungen wieder aufdecken, dann ändern Sie erneut die Hintergrundfarbe, und die Antworten erscheinen wieder in den entsprechenden Lücken. Lückentext vor der Bearbeitung:

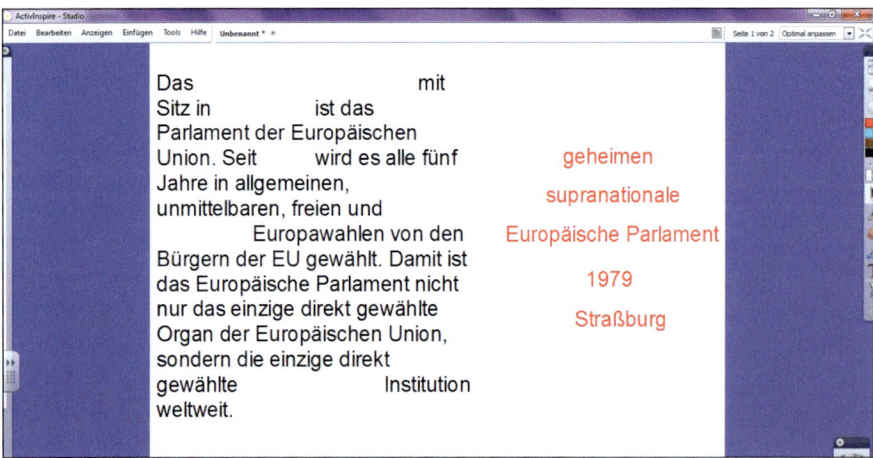

Nachdem die vermeintlichen Antworten in die Lücken gezogen oder handschriftlich eingefügt wurden, falls keine Antworten vorgegeben waren, kann die Hintergrundfarbe geändert werden, und die Schüler erkennen an der Tafel, welche der gegebenen Antworten korrekt sind:

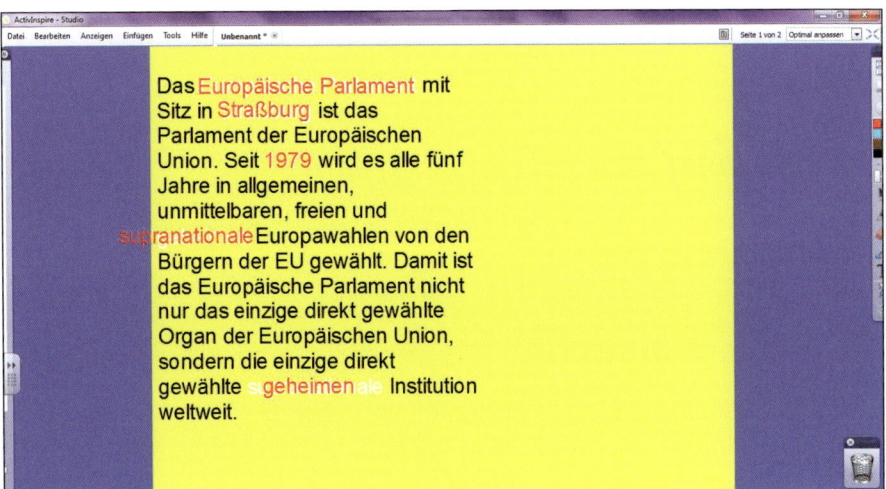

Beispiele für den Einsatz

> Diese saubere Art des Lückentexts eignet sich besonders gut, da sie sehr übersichtlich ist. Sie können so beispielsweise Hausaufgaben im Plenum abprüfen.

4 Sicherungsphase

Farbenwechsel

Eine weitere effektvolle Methode, die Sie einfach und schnell erstellen können, ist der „Farbenwechsel". Er macht bei immer zwei Worten, Texten oder Objekten Sinn, die zusammengehören oder sich voneinander ableiten.

Sie können den Farbwechsel auch erst dann vornehmen, wenn die Schüler jeweils beide Elemente gesehen und sich gemerkt haben.

Vorbereitung

Auch hier müssen Sie die einzelnen Elemente und die Farbwahl vor dem Unterricht erstellen.

Software-Hinweise

Für SMART Notebook™ und ActivInspire gilt Folgendes: Unterteilen Sie eine Seite in zwei Blöcke und hinterlegen Sie diese mit zwei unterschiedlichen Hintergrundfarben, zum Beispiel einen Block grün, den anderen gelb. Fügen Sie dann Textfelder ein, die zweigliedrig sind, beispielsweise Vokabeln („town" und „Stadt"), Rechenaufgaben („3x3" und „9"), Jahreszahlen und Ereignisse („1989" und „Mauerfall"). Wählen Sie dann die unterschiedlichen Farben, die auch im Hintergrund liegen, für die beiden Teile. Schreiben Sie also zum Beispiel „town" in Grün und „Stadt" in Gelb. Schon lassen sich die beiden Teile nicht mehr zusammen lesen und können zwischen den beiden Feldern verschoben werden. „Town" lässt sich nur noch auf dem gelben Hintergrund lesen, „Stadt" nur noch auf dem grünen.

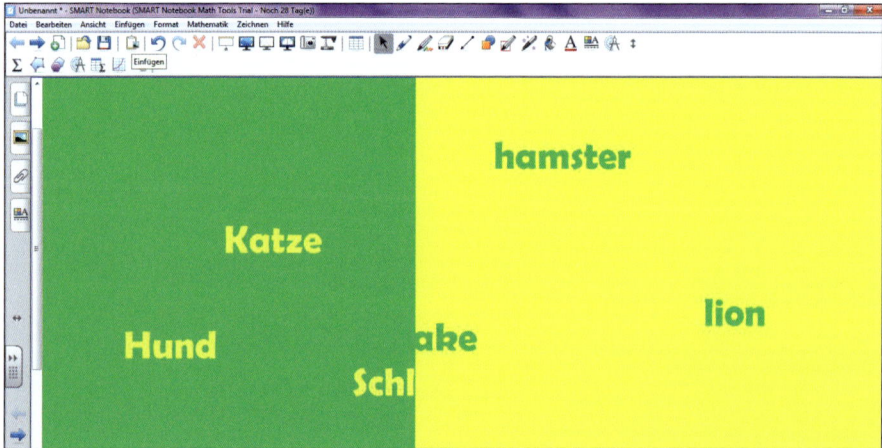

Sicherungsphase

■ Beispiele für den Einsatz

- Im Fremdsprachenunterricht können Vokabeln mit dieser Methode schnell und abwechslungsreich überprüft werden. Sie können entweder als Vokabelwiederholung zu Beginn des Unterrichts deutsche und englische Übersetzungen miteinander verbinden und sie von einem Farbfeld in das andere schieben lassen. Sie können aber auch das IWB als Referenztafel nutzen, und die Schüler können, wenn sie ein Wort benötigen, nach vorne gehen und selbstständig das Wort durch Verschieben übersetzen. Das funktioniert natürlich in beide Richtungen.
- Um grammatische Übungsergebnisse zu überprüfen, können Sie auch mehrere Felder einfügen und beispielsweise die verschiedenen Formen im Französischunterricht damit üben lassen. Jeder grammatischen Person wird eine Farbe zugeordnet, und je nachdem, in welches Feld man das Wort schiebt, erscheint die jeweils korrekte Form.
- Es wäre aber auch möglich, die Veränderung von der direkten in die indirekte Rede zu verdeutlichen oder die unregelmäßigen Verben zu üben. Erstellen Sie dafür drei Farbfelder nebeneinander und lassen Sie ein Verb von ganz links nach ganz rechts schieben, um nacheinander die Verbformen erscheinen zu lassen.
- Im Geschichtsunterricht können Sie wichtige Ereignisse und deren Datum miteinander kombinieren. Wenn Sie zu Beginn der Stunde alle Einheiten auf der Seite haben, auf der man nur das Datum erkennen kann, fragen Sie die Schüler, welches Ereignis sich an diesem Datum ereignet hat. Lassen Sie es zur Überprüfung in das andere Farbfeld schieben. Sie können aber auch anders vorgehen und die Daten überprüfen, indem Sie zuerst alle Ereignisse sichtbar machen und dann die Einheit in das andere Farbfeld schieben lassen.
- In Geographie könnten Sie Hauptstädte und Länder miteinander verknüpfen, aber es ist auch möglich, dass Sie Länderumrisse nutzen. Wenn man dann den jeweiligen Länderumriss in das andere Farbfeld schiebt, erscheint der Name des Landes.

Anhang

Hilfsmittel/Zubehör

Die im folgenden aufgeführten Hilfsmittel müssen teilweise gesondert dazugekauft werden.

Fernbedienung

Die Fernbedienung zu jedem Beamer ist ein nützliches Hilfsmittel, das nicht nur zum An- und Ausschalten aus einer gewissen Entfernung genutzt werden kann, sondern in der Regel auch noch andere Funktionen hat. Man findet auf den Tasten die üblichen Play- und Stopp-Tasten und muss somit nicht immer notwendigerweise die Tastatur oder den Bildschirm heranziehen. Man kann also aus dem hinteren Teil des Klassenraums das IWB steuern (siehe auch „Presenter").

Hilfreich ist auch die Funktion des früheren Zeigestocks. Die meisten Fernbedienungen sind mit einem Laserpointer ausgestattet, der auf Knopfdruck betätigt werden kann. Lassen Sie daher die Fernbedienung nicht in Schülerhände gelangen. Bei unsachgemäßer Bedienung kann es zu einer Schädigung der Augen kommen. Zudem kann man mit der Fernbedienung den Beamer abdunkeln. Das bedeutet, dass kein Lichtstrahl auf die Tafel geworfen wird. Außerdem gibt es die Möglichkeit, das Bild des Beamers auf dem IWB „einzufrieren". Das aktuelle Tafelbild wird dann permanent auf die Tafel projiziert, ohne dass Sie etwas verändern können. Das ist beispielsweise dann hilfreich, wenn Sie den Schüler etwas an der Tafel präsentieren oder erarbeiten lassen wollen und zur gleichen Zeit selbst etwas am Computer tun möchten. Sie können dann daran arbeiten, ohne dass sich das Bild am IWB ändert. So können zum Beispiel vertrauliche Daten, die nicht für alle Schüler sichtbar werden sollen, auf dem kleinen Bildschirm eingesehen werden, ohne dabei den Beamer komplett runterfahren oder eine Arbeitsphase unterbrechen zu müssen.

Presenter

Ein Presenter ist ebenfalls eine Fernbedienung für den Beamer, allerdings kompakter und mit weniger Funktionen. Er eignet sich besonders gut beim Einsatz von PowerPoint. Sie können, ohne direkt vor der Tafel zu stehen, die Präsentation steuern. In vielen Fällen liegt im Klassenraum eine Fernbedienung für den Beamer. Auch diese kann als Presenter verwendet werden.

Einen besonderen Effekt hat ein Presenter, wenn Sie hinter der Klasse stehen und aus dieser Entfernung die Präsentation steuern und Elemente erscheinen oder verschwinden lassen sowie von einer Seite zur nächsten gehen können.

Anhang

Abstimmungsgeräte

Sowohl SMART™ als auch Promethean haben Geräte entwickelt, die es allen Ihren Schülern gleichzeitig ermöglichen, aktiv am Unterricht teilzunehmen. „SMART™ Response", „ActivExpression" und „ActiVote" sind Werkzeuge, mit denen Ihre Schüler auf Multiple-Choice-Aufgaben an der Tafel antworten, Abstimmungen tätigen oder einfach nur ihre Meinung kundtun können. Dafür braucht jeder Schüler solch ein Gerät. Die jeweilige Software ermöglicht ein einfaches Einrichten der Abstimmungen. Die Geräte können von Promethean und SMART™ zusätzlich erworben werden.

Sie ermöglichen es Ihnen, zu überprüfen, wie viele Schüler das zu Lernende bereits verstanden haben und wo es möglicherweise Probleme gibt. Innerhalb von Sekunden kann eine Lernstandsüberprüfung stattfinden. Aber auch die Schüler erfahren unmittelbar, ob sie verstanden haben, was der Lehrer ihnen vermitteln wollte.

Dokumentenkamera

Dokumentenkameras sind immer dann hilfreich, wenn Sie Schülerarbeiten schnell und einfach auf die Tafel projizieren wollen. Legen Sie dafür beispielsweise ein Schülerheft unter die Kamera, und schon wird es, für alle gut sichtbar, großformatig auf das IWB übertragen.

Tragbare Displays

SMART und Promethean bieten verschiedene tragbare Displays an. Diese funktionieren wie ein Notebook mit Touchscreen. Sie können mit dem IWB verbunden werden, und Inhalte können an das IWB gesendet werden. So kann man, ohne dass Sie oder ein Schüler vor der Tafel stehen, aus dem Klassenraum heraus das Tafelbild gestalten. Schüler können in Gruppenarbeit Ergebnisse darauf festhalten und danach sofort großformatig präsentieren.

Willkommen in der IWB-Sprache

„ActivInspire", „Notebook", „Flipchart" und „ActivPen" sind Begriffe, die in Zusammenhang mit den Whiteboards in unsere Klassenzimmer einziehen. Nicht jeder Lehrer weiß, was darunter zu verstehen ist und wie sich die einzelnen Begriffe voneinander abgrenzen. Im deutschen Sprachgebrauch werden die Begriffe nicht immer eindeutig verwendet. Dieser Abschnitt soll Ihnen ein

Anhang

kleines Glossar anbieten, das Sie kompakt über die Verwendung der Begriffe in diesem Ratgeber informiert.

IWB

Der Begriff „IWB" ist die allgemeine Bezeichnung für elektronische Tafeln. Im Deutschen wird das „Interactive Whiteboard" oder „Interaktive Whiteboard", kurz „IWB", auch häufig als interaktive Tafel bezeichnet. Es handelt sich um eine berührungssensible Fläche, die mit einem Computer und einem Projektor (Beamer) verbunden ist. Über letzteren können Inhalte vom Computer auf das IWB übertragen werden. Notizen, die mit Hilfe von speziellen Stiften, den Fingern oder anderen Hilfsmitteln gemacht werden, werden von der Tafel aufgenommen und in das Computerbild übertragen. Dies ermöglicht es, dass Tafelbilder veränderbar sind und man sie abspeichern kann.

ActivBoard

„ActivBoard" heißt das IWB des Anbieters Promethean.

ActivInspire

„ActivInspire" ist die Software, mit der man ein „ActivBoard" (Promethean) bedienen kann.

Flipchart

Den meisten wird ein „Flipchart" vermutlich als ein Präsentationsgerät bekannt sein, an das man Papier klemmen kann, um dann mit einem dicken Filzstift darauf zu schreiben. Im Sprachgebrauch des IWBs handelt es sich dabei um eine Präsentationsseite innerhalb der Software „ActivInspire".
Ein Flipchart ist also eine Tafelseite.
Zudem ist es auch ein Dateiformat. Speichern Sie einen Tafelanschrieb ab, bekommt Ihre Datei automatisch den Anhang .flipchart. Dies bedeutet nichts weiter, als dass Sie die abgespeicherte Datei für Veränderungen in ActivInspire erneut öffnen können.

Kalibrieren

Unter „Kalibrieren" versteht man das Ausrichten des Stiftes zur Tafel. Dieser Vorgang muss regelmäßig durchgeführt werden, damit der Computer ihre Schrift auch auf der Stelle aufnimmt, an der Sie den Stift auf die Tafel setzen. Kalibrieren Sie Ihre Tafel nicht regelmäßig, kann das dazu führen, dass Sie

Anhang

etwas an die Tafel anschreiben, der tatsächliche Strich aber einige Zentimeter neben der von Ihnen berührten Stelle erscheint.

Notebook

Vielen von Ihnen ist unter „Notebook" mit Sicherheit der tragbare Mini-Computer bekannt. In der IWB-Sprache kommt diesem Begriff aber eine andere Bedeutung zu.

Zum einen ist „Notebook „die Software, die man zur Bedienung eines „SMART Boards™" benötigt. Zum anderen wird mit „.notebook" auch das Dateiformat angezeigt. Wenn Sie eine Datei, die Sie mit Notebook erstellt haben, abspeichern, wird diese automatisch in diesem Format gespeichert. Dies bedeutet, dass diese Datei mit der Software Notebook geöffnet und bearbeitet werden kann.

PDF

PDF ist ein weiteres Dateiformat. Dieses Format ist plattformunabhängig, das bedeutet, dass Sie mit dem kostenlosen PDF-Reader die Datei auf jedem Computer lesen können. Sie brauchen dafür nicht die Software, in der die Datei ursprünglich erstellt wurde. PDF-Dateien können nicht mehr verändert werden.

SMART Board™

Das „SMART Board™" ist das IWB der Firma SMART™. SMART Boards™ haben eine weiche Oberfläche und reagieren nicht nur auf Stifteingaben, sondern auch auf Fingerdruck oder auf Druck anderer Gegenstände (Radiergummi, Flasche, Schwamm etc.). SMART Boards™ findet man neben „Activ-Boards" am häufigsten in deutschen Schulen.

Whiteboard

Das reine Whiteboard ist im Gegensatz zum IWB nicht elektronisch. Es besteht lediglich aus einer weißen Oberfläche, auf der mit speziellen, nicht permanenten Stiften in Farbe geschrieben werden kann. Der Anschrieb kann mit einem Lappen wieder entfernt werden. Das Tafelbild ist nicht speicherbar.

Informationen und Einsatzmöglichkeiten

Medientipps

Linktipps

Die folgenden Linktipps sollen Ihnen einen kleinen Überblick über die wichtigsten Adressen im Zusammenhang mit der Arbeit am IWB geben. Schauen Sie sich einmal um und finden Sie heraus, was alles machbar ist. Auch auf den Seiten der Verlage finden Sie immer mehr Produkte, die sich für das Whiteboard eignen.

www.smarttech.de
Internetauftritt von SMART™ mit Informationen zu Produkten, Schulungen und Software. Hier bekommen Sie auch Zugang zu SMART Exchange™ mit Unterrichtsmaterialien und Inhalten für Ihr SMART Board™.

www.promethean.de
Die deutschsprachige Seite rund um die ActivBoards. Hier finden Sie spezifische Lösungen, Schulungen oder Ideen für Ihr Board.

www.myboard.de
Diese Internetseite ist eine boardunabhängige Seite. Sie bietet eine Vielzahl an Tipps und Tricks im Umgang mit der Tafel, informiert über Methodik und Didaktik, aber auch über Neuerungen.

www.schule-intra.net/software.html
Zahlreiche kostenlose Anwendungen, die Ihren Unterricht lebendig machen.

www.medienzentrum-frankfurt.de (o.Ä.)
Erkundigen Sie sich auf der Internetseite Ihres jeweiligen Medienzentrums über das Angebot. Die Medienzentren sind bemüht, immer mehr Medien zu digitalisieren und für die IWBs nutzbar zu machen. Karten, Filme oder Audiodateien lassen sich so auch bequem von zu Hause einsehen und vorbereiten.

www.lehrerfreund.de
www.lehreronline.de
www.zum.de
Drei unabhängige Austauschplattformen rund um den Einsatz interaktiver Whiteboards.

www.youtube.com/smartclassrooms
Anschauliche Videos in englischer Sprache zu unterschiedlichen Aspekten der Arbeit am IWB.

Medientipps

www.teachers.tv
Englische Plattform mit Videos rund ums Unterrichten. Hier finden Sie auch Videos zur Arbeit am IWB.

http://igf-srv-maps.igf.uos.de/kartografix_schule/index.php?sprache=de&id_datei_01=1
Hier kann kostenlos Kartenmaterial zu allem Möglichen erstellt werden. Man muss allerdings bei lo-net oder lo-kompakt angemeldet sein.

Literaturtipps

Betcher, Chris u.a.: **The IWB Revolution.** Teaching with IWBs.
Acer Press, 2009. ISBN 978-0-86431-817-6
Umfangreiche Einführung mit vielen Praxisbeispielen in englischer Sprache.

Computer und Unterricht: **IWBs.** Friedrich Verlag, 2010.
Zeitschrift zum Einsatz von IWBs.

Gage, Jenny: **How to use an IWB really effectively in your secondary classroom.** David Fulton Publishers, 2006. ISBN 978-1-84312-262-3
Britisches Standardwerk zur Einführung in die Arbeit am interaktiven Whiteboard.

Gutenberg, Ulrich u.a.: **Interaktive Whiteboards im Unterricht: Das Praxishandbuch.** Schroedel, 2010. ISBN 978-3-507-10414-3
Knappe Einführung in die gängigsten Methoden zum Board-Einsatz.

Kohls, Christian: **Mein SMART Board.** Projekt Bildung Media, 2010.
ISBN 978-3-00-030600-6
Sehr ausführliche SMARTBoard™-spezifische Anleitung zum Arbeiten in der Schule.

Martin, Daniel: **Activities for IWB.** Helbing Languages, 2009.
ISBN 978-3-85272-148-4
Umfangreiche Sammlung an Aktivitäten für den Fremdsprachenunterricht.

Schliesszeit, Jürgen: **Mit Whiteboards unterrichten: Das neue Medium sinnvoll nutzen.** Beltz Verlag, 2011. ISBN 978-3-407-62747-6
Tafelunabhängige Einführung zur Arbeit an IWBs.

Postfach 10 22 51
45422 Mülheim an der Ruhr

Telefon 030/89 785 235
Fax 030/89 785 578

bestellungen@cornelsen-schulverlage.de
www.verlagruhr.de

Es gelten die Preise auf unserer Internetseite.

■ **Unterrichtsvorbereitung**
Strategien, Tipps und Praxishilfen
Holger Mittelstädt
Für alle Schulstufen, 175 S., 16 x 23 cm, Paperback
ISBN 978-3-8346-0667-9
Best.-Nr. 60667
17,80 € (D)/18,30 € (A)/30,10 CHF

■ **Wie Sie Ihre Pappenheimer im Griff haben**
Verhaltensmanagement in der Klasse
Sue Cowley
Für alle Schulstufen, 292 S., 16 x 23 cm, Paperback
ISBN 978-3-8346-0756-0
Best.-Nr. 60756
21,80 € (D)/22,50 € (A)/36,40 CHF

■ **Schnelles Eingreifen bei Mobbing**
Strategien für die Praxis
Wolfgang Kindler
Für alle Altersstufen, 128 S., 16 x 23 cm, Paperback
ISBN 978-3-8346-0450-7
Best.-Nr. 60450
14,80 € (D)/15,30 € (A)/25,50 CHF

■ **Wenn Sanktionen nötig werden: Schulstrafen**
Warum, wann und wie?
Wolfgang Kindler
Kl. 5–13, 157 S., 16 x 23 cm, Paperback
ISBN 978-3-8346-0324-1
Best.-Nr. 60324
17,80 € (D)/18,30 € (A)/30,10 CHF

Strategien • Tipps • Praxishilfen